DENKPROZIESSE
publikationen

Bibliografische Information der Deutschen Nationalbiliothek: Die Deutsche Nationalbibliothek verzeichnet diese Publikation in der Deutschen Nationalbibliografie; detaillierte bibliografische Daten sind im Internet über http://dnb.dnb.de abrufbar.

Copyright: 2015 Christian Dorn
Herstellung und Verlag:
BoD – Books on Demand, Norderstedt
ISBN: 978-3-73-479558-9

Inhalt

1. **Einleitung**

2. **Medialisierung macht Medialität macht neue Menschen**

    2.1. Von der Realität zur Medialität

    2.2. Medialität und Psychosomatik

    2.3. Wie Helfen zum Trauma wird

3. **Kohärenz stiften durch reflektiertes Erleben im Spiegel der Biografie**

    3.1. Spiegel der Biografie: Digital Storytelling

    3.2. Das Projekt *Memory`s Voices*

    3.3. Biographie, Kohärenzgefühl, Gesundheit

4. **Zusammenfassung**

    Autor

    Kontakt

    Leseempfehlung

1. Einleitung

Beginnend vor ungefähr 30 Jahren führten die *Neuen Medien* (NM)...

> *Neue Medien (NM): NM definiere ich als auf ein breites Rezipientenspektrum ausgerichtete Vermittler von Inhalten, deren Übertragungs- und Speichermodi (mehrheitlich) auf digitalen Datenformaten basieren. Für die Herleitung dieser Definitionen siehe Dorn 2015.*

...einen Paradigmenwechsel herbei, der in seiner aktuellen Ausprägung das soziopolitische Wirkungsgefüge ebenso wie die Bewusstseins- und Handlungsstrukturen...

> **Bewusstsein:** *Wörterbuch zur Psychologie (2000). „Der Begriff wird in zwei aufeinander Bedeutungen verwendet. (1) Bewusstsein als Zustand des Zentral-Nerven-Systems, der dem deutlichen Erkennen, klaren Denken und geordneten Verhalten zugrunde liegt. (2) Bewusstsein als Inbegriff von Prozessen der subjektiven Erfahrung des eigenen Erlebens, der Erlebnisweise in Wahrnehmungs-, Denk- und Handlungsepisoden, der Richtungsnahme des Erlebens im Bedürfnis-, Interessen- und Erwartungsbezug, des Klarheitsgrades, mit dem sich Erfahrungsinhalte zeigen, sowie der im Gegenstands- oder Denkzusammenhang erlebten Gewissheit, selbst der/die Erfahrende zu sein".*

> **Handlung:** *Wörterbuch zur Psychologie (2000). „Auf die Erreichung eines Ziels gerich-*

> *tete, relativ abgehobene, zeitlich und logisch strukturierte koordinierte Bewegungsabfolgen, welche bewusst kontrolliert ausgeführt werden, um eine Veränderung in der Umwelt oder aber der bestehenden (psychologischen) Situation herbeizuführen. Handlung unterscheidet sich von Verhalten durch seinen bewussten Bezug zu Zielvorstellungen, dem Bedürfnis nach Zielerreichung, durch das begleitende Abwägen von Erwartungen in Bezug auf die Entscheidungsmöglichkeiten und ihre Konsequenzen, durch die gedankliche Vorwegnahme bestimmter Handlungsschritte (Pläne) und die fortlaufende Einbeziehung von Rückmeldungen vor der Entscheidung über die folgenden Schritte."*

...der Menschen tief greifend beeinflusst[1]. Auslöser hierfür ist die Medialisierung[2] ...

> Medialisierung: Sie stellt die aktive Dimension der Medialität dar, der man sich (theoretisch) bis zu dem Punkt entziehen kann, an dem die Verbreitung einer neuen Technologie (Handy, E-Mail usw.) einen kritischen Punkt überschreitet. Für die Herleitung dieser Definitionen siehe Dorn 2015.

mit ihrer massenhaften Verbreitung NM wie z.B. dem Personal Computer, der weltweiten Vernetzung durch das Internet, der Kommerzialisierung des Fernsehens und der Digitalisierung der

---

1 Vgl. Greiner 2002

[2] Vgl. Dorn 2015, Feierabend & Klingler 2000

Kommunikationsoptionen. Diese medialen Transformationspotentiale haben – mit Ausnahme der technologischen Transformation an der Schwelle vom 19. zum 20. Jahrhundert – einen gesellschaftlichen Wandel eingeleitet und forciert, dessen Vollzugsgeschwindigkeit, Bandbreite und Reichweite in der Geschichte der Menschheit bislang ohne Beispiel ist[3]. Im Gegensatz zur Industrialisierung verdinglicht sich dieser Wandel aber nicht in der Gegenständlichkeit des Alltags, sondern er vergegenwärtigt sich in transformierten Bewusstseins- und Handlungsstrukturen der Menschen. Kinder und Jugendliche werden aufgrund der noch starken Plastizität ihrer Psychophysiologie und der fehlenden Vergleichbarkeit mit einer Welt gegenständlicher Werte in besonderem Maße von diesem Wandel geprägt4.

Diese zur Medialität[5] ...

> **Medialität:** *Das durch Medialisierung und mediale Durchdringung determinierte Sozialisations- und Lebensumfeld. Für die Herleitung dieser Definitionen siehe Dorn 2015 und 2004.*

...transformierte Welt ist determiniert von zunehmend reduzierter Kohärenz. Die Grundhaltung eines zusammenhängenden und sinnvollen

---

3 Vgl. Bell 1975

4 Vgl. u.a. Weizenbaum 1978, 1984

5

Selbst-, Lebens- und Weltverständnisses wird unterlaufen durch den schleichenden Verlust

- der Verstehbarkeit sozio-kultureller Bezüge, bedingt durch eine Korruption des Wertesystems und eine von der Ökonomie legitimierten Doppelmoral,
- der Handhabbarkeit beziehungsweise der Bewältigbarkeit der Anforderungen aufgrund einer Beschleunigung unseres immer komplexeren Lebens-, und Arbeitsumfeldes,
- der Sinnhaftigkeit und Bedeutsamkeit durch grenzenlose Multiplikation, beliebige Manipulation und unreflektierten Konsum(-zwang).

Konkret erfahren wir eine Überforderung, die dazu führt, dass Stress unser Erleben (Psyche und Physis) beeinflusst[6]. Unsere Wahrnehmung, unsere Einstellung, unsere individuelle Wertevorstellung sowie unsere Kooperations- und Konfliktmuster verändern sich (mediale Durchdringung...

Mediale Durchdringung: Die Wirkung digital manipulierter Kommunikate sowohl auf die individuellen Bewusstseins- und Handlungsstrukturen als auch auf das gesellschaftliche (soziale) Wirkungsgefüge. Abhängig vom Grad der (absoluten und relativen) Medialisierung ist diese Wirkung unausweichlich (passive Dimension der Medialität). Für die Herleitung dieser Definitionen siehe Dorn 2015

---

[6] Vgl. Haffner et al. 2001 u. 2002

Verstärkt wird die Wirkung einer solch inkohärenten Kultur durch ihre Rückbezüglich- und Unmittelbarkeit. Sie korrumpiert die physiologischen Systeme der Stressverarbeitung und damit den Regelkreis der Sozialisationsprozesse (in der Familie, in der Schule, am Arbeitsplatz). Hieraus resultieren dramatische Folgen für den Erwerb angemessener Einstellungen sowohl uns selbst als auch anderen gegenüber sowie Verhaltensweisen im Umgang mit Peers und Sozialisationsagenten7. Die Wirkungen sind multidimensional und reichen, basierend auf den stereotyp argumentierten, scheinbaren ökonomischen Notwendigkeiten der Konsumgesellschaft8, über neue Formen der Arbeitsorganisation[9] bis hinein in private und familiäre Bezüge[10][11]

Dass diese Entwicklung auch vor dem Sozial- und Rettungswesen nicht halt macht, zeigt bereits 2003 eine ernüchternde Studie der Universitätsklinik Dresden[12] und der Abt. für Psychosomatische Medizin und Psychotherapie der Universität Erlangen, die sich mit dem Zusammenhang von *Burnout* und *sekundärer Traumatisierung* im Ret-

---

7 Vgl. Dorn 2015, Greiner 2002

8 Vgl. Baader 1999

9 Vgl. Grefe 2003 und Sabine Etzold 2003 im Gespräch mit dem Psychologen Dieter Frey (*Druck und Stress wachsen, weil Chefs es nie gelernt haben, mit Menschen umzugehen.*)

10 Vgl. von Thadden 2003

[11] Vgl. Schorb 1995; Gaschke 2003
12 Vgl. Groß, Joraschky, Petrowski, Mück-Weymann, Pöhlmann et al. 2003

tungsdienst befasst. Der ökonomische Druck nimmt zu, die Arbeitsbedingungen werden härter, Aus- und Weiterbildungsmaßnahmen werden auf das (noch) gesetzlich geregelte Mindestmaß reduziert und Angebote zur Gesundheitsförderung, wie zum Beispiel Supervision, werden erst gar nicht angeboten oder gestrichen. Darüber hinaus werden in immer größerem Umfang ehrenamtliche MitarbeiterInnen in die Dienste einbezogen[13], an die dann – und das ist nur eine logische Folge – zunehmend höhere Anforderungen gestellt werden (müssen). Für den Bereich der Krisenintervention (und Notfallpsychologie) ist diese Entwicklung in zweierlei Hinsicht von Bedeutung: Da die psychische Konstitution sowohl der potentiellen PatientInnen (insbesondere die der Kinder, Jugendlichen und jungen Erwachsenen) als auch die der HelferInnen[14] als tendenziell deutlich instabiler einzuschätzen ist, wird

- die Zahl und die Schwere der Traumatisierungen bei den PatientInnen steigen

---

13 Es bleibt abzuwarten, in wie weit sich in diesem Zusammenhang (in Deutschland) die Hartz IV-Reformen weiter auswirken.

14 Ich gehe in diesem Zusammenhang und basierend auf meinen Erfahrungen davon aus, dass sich ehrenamtliche von professionellen Kräften lediglich dadurch unterscheiden, dass die professionellen HelferInnen über eine größere Routine (die selbstverständlich auch mit einer deutlich höheren Belastungsfrequenz, -quantität und –qualität einhergeht – kumulative Traumatisierung), eine umfangreichere Methodenkompetenz im Hinblick auf die Psychohygiene und ein höheres Maß an Selbsterfahrung verfügen.

- die Zahl der Sekundärtraumata bei den HelferInnen zunehmen

In diesem kleinen Aufsatz möchte ich aus Sicht meiner Disziplinen und vor dem Hintergrund persönlicher Erfahrungen im Rettungsdienst, in der Krisenintervention und in der psychosozialen Beratung verdeutlichen, wie eine zur Medialität transformierte Realität Traumata begünstigt. Darüber hinaus möchte ich ein medienunterstütztes Präventions- und Therapiemodell zur Diskussion stellen, das in einer aus der Kohärenz geratenen Welt traumaanfälligen Biografien Kohärenzgefühl stiftet.

2. Medialisierung macht Medialität macht neue Menschen

Der Begriff *Medialität* bezeichnet unser durch Medialisierung und mediale Durchdringung determiniertes Sozialisations- und Lebensumfeld. Durch die steigende Geschwindigkeit, das sich verändernde gesellschaftliche Klima (der Verlust tradierter Werte, eine ökonomisch legitimierte Doppelmoral, aus steigender Komplexität resultierende Überreglementierung, die Angst um den Arbeitsplatz und eine radikal veränderte Berufswelt, selbstverständliche Flexibilität, unsichere Wirtschaftslage, instabile politische Strukturen, Zukunftsangst, Kriegsgefahr, eine politisch instrumentalisierte scheinbare allgegenwärtige Bedrohung durch Terror etc.) und eine zum Lifestyle erhobene Individualisierung zerfällt das soziale Gesellschaftsgefüge. Die Rahmenbedingungen unseres Lebens ergeben sich aus medial forcierten, stereotyp angemahnten, scheinbaren Notwendigkeiten einer globalisierten Ökonomie, in der selbst die Minderheit der noch intakten Familien in Zielgruppen tranchiert wird. Der Status gesellschaftlicher Werte und die bislang funktionierenden Strukturen erodieren durch einen zunehmenden über allem stehenden *shareholder-value* und werden von den „Wirtschafts-Eliten" scheinbar entgegen jeder Vernunft nach hinten durchgereicht und beiseite geschoben.

2.1 Von der Realität zur Medialität

Mit der Digitalisierung der Medien wird der gesellschaftliche Wertepluralismus in einer bisher nicht gekannten Weise gespiegelt, geprägt und ins Destruktive geführt. Gemacht wird, was gemacht werden kann – jede noch so kleine Option wird genutzt, jede noch so kleine Nische besetzt, solange sie wenigstens ein Mindestmaß an Rendite verspricht, und wo keine Nischen mehr sind, werden *Hypes* generiert – Klingeltöne (Handy), Fotohandy (heute selbstverständlich mit TV), Voting per Handy, Computerspiele zum Kinofilm (oder besser Kinofilme zum Computerspiel), Casting-Shows – um nur einige zu nennen.

Es mangelt nicht an medienunterstützen *solutions for a small planet* (Werbeslogan IBM), die es ohne diese Medien gar nicht geben würde. Um nur eine zu nennen: Die Welt wird angeblich zum Dorf, indem räumliche Distanzen digital reduziert werden. Vorgegaukelt wird die Möglichkeit direkter Einflussnahme basierend auf *umfassender* (oberflächlicher, instrumentalisierter) Information. Tatsächlich nehmen die medial manipulierten Eindrücke sowohl quantitativ als auch qualitativ und damit in ihrer Mächtigkeit zu. Dem mehr oder weniger diffus postulierten Anspruch unserer Mediengesellschaft stehen wir damit zunehmend überfordert gegenüber. Wissen weicht Glauben, und während Vertrauen zunehmend schwindet, wachsen die Zweifel in uns selbst, in andere und in die Gesellschaft. So installieren die Medienmacher und ihre Protagonisten die Grundlage für eine Plattform, auf der die Individuen einer übergeordneten kommerzialisierten Ideologie folgend ihre scheinbar individuellen Erinnerungen zelebrieren:

> *Die Gesellschaft hält ihre Grundorientierungen nicht mehr aufrecht. Eine Gesellschaft, die ihre Kinder nicht schützt, wird nicht erwarten können, dass die Kinder ihr Respekt entgegenbringen15. Die Folgen dafür tragen wir alle gemeinsam. Für die Einhaltung von Normen fühlt sich niemand zuständig. Wir fühlen uns alle zunehmend nicht als Mitglieder eines übergeordneten Gedankens[16].*

Kulturelle Unterschiede werden auf der einen Seite geltend gemacht, auf der anderen Seite der ökonomisierten Intention der industrialisierten *shareholder-value* Gesellschaften folgend zielführend gleichgeschaltet. Je umfassender eine solche Plattform Raum greift, desto leichter lässt sich diese Intention verwirklichen und auf ein globales *shareholder-value*-Denken erweitern. Das führt dazu, dass nur betriebs-/volkswirtschaftliche Relevanz Beachtung findet und gleichzeitig ein wertepluralistischer Humanismus auf der Strecke bleibt.

Die durch die Vernetzung selbstverständlich gewordene globale Vergleichbarkeit von Denken

---

[15] Als wohl als extremstes Beispiel einer neuen Ordnung muss hier wohl der Terrorakt (im September 2004) an einer russischen Schule gelten. Mit der Instrumentalisierung von Kinderleben und Kinderseelen scheint das letzte Tabu gebrochen – eine Steigerung undenkbar.

[16] Bergmann 2003

und Handeln, von Arbeit und Konsum, von Trends und *Hypes* setzen die Systeme (Staaten, Unternehmen, Gesellschaften) und Subsysteme (einzelne Menschen, z. B. ArbeiterInnen und SchülerInnen, aber auch Zusammenschlüsse von Menschen, wie z.B. Interessenvertretungen) gleichermaßen unter Druck. Für eine humanistische Gesellschaftsentwicklung förderliche Interessen lassen sich angesichts der zunehmenden Individualisierungstendenzen kaum noch durchsetzen. Kinder und Jugendliche (aber auch Erwachsene) werden zunehmend zu EinzelkämpferInnen, die sich auch entsprechend verhalten:

> *Der Computer ist dabei die Intensivierung und Fortentwicklung der Fernseherfahrung. Computerspiele befriedigen in ihrer inhaltlichen, ästhetischen und technologischen Perfektion sehr viele ganz frühe narzisstische Bedürfnisse dieser Kinder: Sie kommen wieder an ihre frühen Größenselbstträume heran, wo sich ihr „Ich-Ideal" entwickelt. Wenn sich das Kind in dieser Phase mit dem Computerheroen, dem Terminator etwa, identifiziert, muss es nicht mehr interagieren, sondern nur noch schnell reagieren. Das ist immer die Identifikation mit einer restlos dissozialen Figur*[17].

Diese mediale Normierung führt zu einer moralischen Deregulierung, die die Gesellschaft in ihrer gesamten Bandbreite umfasst und die der Staat als finale höhere Instanz durch Reglementierungen zu kompensieren sucht. Interessen, die für

---

17 Bergmann 2003

eine humanistische Gesellschaftsentwicklung förderlich sind, lassen sich aber kaum noch juristisch durchsetzen, weil die Diskrepanz zwischen Gesetz und Leben an Mächtigkeit gewinnt. Darüber hinaus verlieren im industrialisierten Kulturkreis Religionen und Traditionen als ausgleichende Momente drastisch an Bedeutung[18].

Selbstbeschränkung findet mangels Solidarität kaum noch statt. Kindheit und Jugend als *geschützter Raum des Aufwachsens*[19] findet in der traditionellen Form als psycho-soziales Moratorium ohne Termindruck und Zwänge nicht mehr statt. Vielmehr befinden sich die Kinder und Jugendlichen (aber auch die Heranwachsenden und Erwachsenen) in einem Dilemma:

Ein Dilemma ist bekanntlich ein Handlungswiderspruch, der nicht auflösbar ist. Ein solches Dilemma lässt sich am Werteorientierungsgegensatz von Freizeitwelt (Medien / Konsum) und der Welt der Arbeit und Pflichten (Schule / Beruf) konstatieren. Es werden nämlich unterschiedliche Verhaltensstandards und Grundhaltungen gefordert. Pädagogische Einrichtungen (Schule, Berufsschule, Berufsausbildung) und Arbeitsplatz vertreten vorwiegend Tugenden wie: Selbstdisziplin, Leistungsstreben, Selbstkontrolle, soziale Verantwortung, rationale Beweisführung, moralische Autonomie, Ernsthaftigkeit in der Lebensführung. Die Medien-, Konsum- und Modesphäre

---

18 Vgl. Shell Jugendstudie 2014

19 Vgl. Baacke 1997 S. 62.

fordern entgegen gesetzte Grundhaltungen: Bereitschaft, Geld auszugeben; Leben für den Augenblick; Suchen nach Intensität; Selbstverwirklichung; Narzissmus und Hedonismus; Vorrang von Emotionalität und Eros. Dieses Orientierungsdilemma verdankt sich einem strukturellen Widerspruch. Während Arbeitswelt und Daseinsvorsorge des Sozialstaates auf disziplinierende Tugenden angewiesen sind, bedarf der Staat für das Funktionieren seiner Wirtschaft einer Unterstützung durch die Binnenmärkte[20].

An diesem Widerspruch reiben sich die Menschen, aber auch das System auf. Kinder, Jugendliche und Erwachsene werden im Hinblick auf die ökonomische Notwendigkeit des Konsums gleichermaßen und mit allen Konsequenzen manipuliert und instrumentalisiert, gleichzeitig aber erwartet man von ihnen, dass sie ohne Murren ihren – oftmals desillusionierenden – sozialstaatlichen Pflichten nachkommen. Das Spiel auf der Klaviatur des Spannungsfelds zwischen diesen Extremen bereitet offensichtlich immer mehr Menschen erhebliche Probleme. Sie verstehen einfach nicht, warum sie in einer Welt funktionieren sollen, die nichts mit der Welt gemein hat, die ihnen als Zielgruppe suggeriert wird und in der sie eigentlich leben (möchten).

---

20 Baacke 1997, S. 77.

2.2 Medialität und Psychosomatik

Wir alle sind Erinnerung[21] und unser erinnertes Erleben macht uns zu den Menschen, die wir sind. Unsere Wahrnehmung bildet mit unseren Bewusstseins- und Handlungsstrukturen einen rückbezüglichen Regelkreis. Die Gegenwart lenkt unsere Aufmerksamkeit und aktiviert damit die aus vergangenem Erleben resultierenden präpositionalen Netze. Erfahrungen werden bewusst und im Abgleich mit aktuellen Anforderungen zu Haltung, Verhalten und Handlungen. Von besonderer Bedeutung ist in diesem Zusammenhang zweierlei. Erstens die Qualität des Erfahrungsportfolios und zweitens die jeweilige individuelle (auch genetisch prädisponierte) psychophysiologische Konstitution. Beide Faktoren sind nach Antonovsky[22] für die Ausbildung des Kohärenzsinns maßgeblich.

---

21 Vgl. Schacter 1999, Dorn 2015

[22] Der amerikanischer Soziologe Aaron Antonovsky (1923-1994) arbeitete in Jerusalem an verschiedenen Forschungsprojekten zum Zusammenhang von Stressfaktoren und Gesundheit bzw. Krankheit. Er veröffentlichte zahlreiche theoretische und empirische Arbeiten zum Konzept der Salutogenese (Hauptwerke: Health, stress and coping: New perspectives on mental and physical well-being. San Francisco: Jossy-Bass (1979); The Salutogenetic perspective: toward a new view of health and illness: Advances. J Mind-Body-Health 4 (1987) 47–55). Das Modell der Salutogenese ist in etwa zeitlich parallel mit gemeindepsychologischen Ansätzen, dem Konzept des Empowerment (Selbstbestimmung) und sozial-ökologischen Ansätzen formuliert worden. Der gesellschaftliche und wissenschaftliche Hintergrund ist geprägt von einer wachsenden kritischen Auseinandersetzung mit der Gesundheitsversorgung und der Gesundheits- und Krankheitsforschung. Das traditionelle System der Gesundheitsversorgung wurde als zu

Ein sensibles Nervensystem und die Fähigkeit Signale des Körpers zu erkennen, bildet die Grundlage für eine präventive Wahrnehmung belastender und krankmachender Einflüsse[23].

Die Medialität unterläuft diese Grundlage und stellt darüber hinaus Anforderungen an den Or-

---

organ- und symptombezogen und als zu „mechanisch" kritisiert. Es folgte eine wissenschaftliche Auseinandersetzung mit dem Gesundheits- und Krankheitsbegriff, die verdeutlicht, dass Gesundheit und Krankheit sehr komplexe, nur schwer definierbare Phänomene sind. Mit dem Modell der Salutogenese will Antonovsky eine Antwort auf die für ihn zentrale und leitende Fragestellung geben: Warum bleiben Menschen – trotz vieler potenziell gesundheitsgefährdender Einflüsse – gesund? Wie schaffen sie es, sich von Erkrankungen wieder zu erholen? Was ist das Besondere an Menschen, die trotz extremster Belastungen nicht krank werden? Das Konzept der Salutogenese basiert auf der Feststellung, dass Gesundheit und Krankheit keine einander ausschließenden Zustände, sondern die Extrempole auf einem Kontinuum, d. h. vorstellbar als ständige Bewegung auf einer Linie zwischen den Extremen Gesundheit und Krankheit (Gesundheits-Krankheits-Kontinuum), sind. Dazwischen liegen Zustände von relativer Gesundheit und relativer Krankheit. Die Suche nach spezifischen Krankheitsursachen (pathogenetischer Ansatz) muss nach Antonovsky durch die Suche nach gesundheitsfördernden bzw. gesund erhaltenden Faktoren (salutogenetischer Ansatz) ergänzt werden. Diese Faktoren werden von ihm „generalisierte Widerstandsressourcen" genannt. Es gibt sowohl individuelle (z.B. körperliche Faktoren, Intelligenz, Bewältigungsstrategien) als auch soziale und kulturelle Widerstandsressourcen (z.B. soziale Unterstützung, finanzielle Möglichkeiten, kulturelle Stabilität). Somit steht der Mensch als Ganzes mit seiner Biografie im Mittelpunkt und nicht nur seine Erkrankung bzw. seine Symptome.
23 Liegen zudem genetisch bedingte Defizite vor oder kommt es zu einer akuten Erkrankung, bedarf es darüber hinaus einer psychophysiologischen Kompensationsfähigkeit.

ganismus, an Psyche und Physis, die sein/ihr Gleichgewicht stören. Diffuse psychosoziale Stressoren initiieren kognitive Prozesse, die, wie die Psychoneuroimmunologie belegt, u.a. auf das das Zentralnerven-, das Immun- und das Hormonsystem wirken. So werden temporäre Spannungen zu manifesten Belastungen und in der Folge zu Belastungsstörungen, weil die physiologischen Systeme der Stressverarbeitung ihre ursprüngliche Autoregulation einbüßen. Derart vorbelastete (gestresste) Menschen tendieren häufig dazu, gesundheitsgefährdende Verhaltensweisen zu praktizieren[24] wodurch sie die Entstehung eines rückbezüglichen Regelkreises (und die Entstehung eines Suchtverhaltens) begünstigen: Überforderung, Schwächung, scheinbare Kompensation durch inadäquates Verhalten, fortschreitende Schwächung einhergehend mit einer höheren Anfälligkeit für Stress. Die Konsequenzen: *Burnout* mit einer deutlich erhöhten Prädis-

---

24 Die Arbeitsbelastung hat in den letzten 15 Jahren (Stand bereits 2002 zur Halbzeit der Medialisierung) um über 30% zugenommen. Die Unternehmen haben vielfach ihre schwächeren Angestellten entlassen. Die Stärkeren nehmen deren Arbeit willig auf und schaffen es auch, das auszugleichen. Prof. Hinderk Emrich, Leiter der Abteilung klinische Psychiatrie und Psychotherapie an der Medizinischen Hochschule Hannover geht davon aus, dass mittlerweile jeder dritte deutsche Manager arbeitssüchtig ist. Hintergründe für die hohe Einsatzbereitschaft seien vor allem die Angst vor Jobverlust und die Verbreitung amerikanischer Arbeitsmuster mit Teambildung und flexiblen Arbeitszeiten. Aber auch die Beschleunigung durch das Internet spiele eine große Rolle bei der Verdichtung der Arbeit. Zu beobachten sei auch, dass diese Menschen oftmals mehr trinken als ihnen gut tut, aber sie funktionieren – bis zu einem gewissen Punkt (dpa, 21.10.2002)

position für *Traumatisierungen*, die dann wiederum die Anfälligkeit für inadäquate Kompensationsmuster erhöht, womit sich der (Teufels-)Kreis schließt. Um diesen Zusammenhang zu verdeutlichen, stellen wir zunächst *Burnout* und *Trauma* definitorisch gegenüber:

- **Burnout**
  Der amerikanische Psychoanalytiker Herbert Freudenberger verfasste 1974 eine erste Definition des *Burnout-Syndroms*, nachdem ihm bei seinen Untersuchungen von ehrenamtlichen Mitarbeitern einer Hilfsorganisation deren psychische Verfassung aufgefallen war. Diese Menschen imponierten nicht nur durch eine starke (aber gewöhnliche) Arbeitsmüdigkeit, sondern vielmehr durch einen Zustand, der durch wechselhafte Gefühle von Erschöpfung und Anspannung gekennzeichnet war. *Burnout* ist damit – in Abgrenzung zum *chronischen Erschöpfungssyndrom CFS* – als eine spezielle und sehr komplexe Form von Stress zu betrachten, die, wie Elliot Arnson[25] es bezeichnet, als

  [. . .] Resultat andauernder oder wiederholter emotionaler Belastung[26] im Zusammenhang mit langfristigem, intensivem Einsatz für andere Menschen [. . .]

---

[25] Aronson 1983, S. 25

[26] In diesem Zusammenhang sollte *Mobbing* als auslösender Faktor keinesfalls unterschätzt werden.

und das sowohl die körperliche als auch die geistige und die emotionale Dimension betrifft.

Gemäß dieser Definition ist also insbesondere bei all jenen Menschen mit einer entsprechenden Prädisposition zu rechnen, die einer Berufgruppe angehören, deren Tätigkeit durch einen intensiven zwischenmenschlichen Kontakt gekennzeichnet ist. Als Stressoren können sich in diesem Zusammenhang sowohl die Quantität als auch die Qualität der Interaktionen entwickeln, mit der Folge, dass einem Menschen, mit denen man beruflich, aber auch privat zu tun hat, gleichgültig werden. Der *Burnout* entwickelt sich zum Teil schleichend (z. T. über einen langen Zeitraum), bei zunehmend dramatischeren Auswirkungen auf Arbeit und Privatleben, Psyche und Physis. Die Betroffenen zeigen als signifikante Merkmale Energieverlust, emotionale Leere, fühlen sich den ganzen Tag über erschöpft und frustriert (deprimiert), wobei sie sich sukzessive in einen Zustand der Lustlosig- und Gleichgültigkeit hineinsteigern. Dieser Zustand wird dann auch als *emotionale Erschöpfung* bezeichnet.

- **Trauma**
  Der Begriff des Traumas stammt aus dem Griechischen, bedeutet Wunde und meint eine schädigende Einwirkung auf den Organismus. Diese Einwirkung kann auf zwei Ebenen erfolgen, in Form einer

  o *Gewalteinwirkung auf den Körper, welche eine Verletzung verursacht* o *durch Vernachlässigung oder äußere Gewalteinflüsse verursachte psychische Erschütterung, die sich negativ auf die weitere Entwicklung auswirkt und zu einer akuten Belastungsreaktion, posttraumatischen Belastungsstörung, Anpassungsstörung oder zur Entwicklung von Neurosen führen kann*[27]

Fischer und Riedesser[28] beziehen sich in ihrer Definition ausschließlich auf die psychische Komponente des Traumas und beschreiben den Prozess der „psychischen Erschütterung" und seine Folgen ausführlicher als...

---

[27] Vgl. ICD-10 (International Statistical Classification of Diseases and Related Health Problems): Einteilung der Reaktionen auf Belastungen:

- Akute Belastungsreaktion (ICD-10 F43.0)
- Posttraumatische Belastungsstörung (ICD-10 F43.1)
- Anpassungsstörung (ICD-10 F43.2)

Eine weitere Störung, die auf schwere Belastungen zurückgeführt wird und die im ICD-10 bei den Persönlichkeitsstörungen (F62.0) aufgeführt wird, ist die

- andauernde Persönlichkeitsänderung nach Extrembelastungen ("Persönlichkeitswandel/Verfolgtensyndrom")

Von einer *sekundären Traumatisierung* oder induzierten, stellvertretenden Traumatisierung (vicarious traumatisation) spricht man, wenn als Folge empathischen Engagements mit Überlebenden und traumatischen Inhalten nach (McCann / Pearlman; Saakvitne / Pearlman) eine Wandlung des inneren Erlebens eintritt.

[28] Vgl. Fischer & Riedesser 1999, S.79

> *Vitales Diskrepanzerlebnis zwischen bedrohlichen Situationsfaktoren und den individuellen Bewältigungsmöglichkeiten, das mit Gefühlen von Hilflosigkeit und schutzloser Preisgabe einhergeht und so eine dauerhafte Erschütterung von Selbst- und Weltverständnis bewirkt.*

während Möller, Laux und Kapfhammer[29] die psychische und somatische Dimension wieder zusammenführen und so zu einer für unseren Zweck brauchbaren Definition kommen:

> *Als Trauma wird ein Ereignis definiert, das für eine Person entweder in direkter persönlicher Betroffenheit oder indirekter Beobachtung eine intensive Bedrohung des eigenen Lebens, der Gesundheit und körperlichen Integrität darstellt und Gefühle von Horror, Schrecken und Hilflosigkeit auslöst. Ein posttraumatischer Stress umfasst sowohl psychische als auch somatische Symptome, die auf die Konfrontation mit einem Trauma folgen.*

Vor diesem Hintergrund gilt es zu beachten, dass neben der genetischen Prägung eines Menschen vor allem seine Einstellung sich selbst gegenüber Einfluss auf seine physiologische Konstitution hat. Förderlich ist ein hohes Maß an intra- und interpersonalem Vertrauen, gepaart mit einem Vertrauen in die Zukunft. Die Überzeugung, Kraft eigener Kompetenzen in der Welt bestehen zu können, stärkt das Selbstvertrauen und führt zu einem höheren Selbstwertniveau. Eine gesunde

---

29 Vgl. Möller, Laux, Kapfhammer 2000

Wertschätzung der eigenen Person ermöglicht wiederum die Akzeptanz eigener Stärken und Schwächen und wirkt sich damit positiv sowohl auf die Selbsterfahrung als auch auf soziale Beziehungen aus. Ein intaktes soziales Netz,

- ein breit gefächertes Verhaltensrepertoire,
- klar strukturierte Lebensziele,
- persönliche Fähigkeiten

und
- soziale Kompetenzen wie Kontakt-, Kommunikations- und Konfliktfähigkeit

sind u.a. wichtige Voraussetzungen dafür, dass ein Mensch in Belastungs- oder Krisensituationen soziale Unterstützung erhält. Persönlichkeit wird damit zum Schlüsselfaktor für die psychische und physische Gesundheit. Sie stellt das Ressourcenportfolio, das eine Bewältigung von Alltagsbelastungen und Lebensereignissen ermöglicht.

Um eine emotionale Stabilität zu entwickeln, die auch durch Schicksalsschläge nicht nachhaltig destabilisiert werden kann, müssen Menschen in der Lage sein, sich selbst positiv, stark und handlungsfähig zu erleben. Ob dies gelingt – und meine Erfahrungen in der psychosozialen Beratung zeigen, dass dies immer häufiger nicht der Fall ist – hängt maßgeblich davon ab, ob und wie der Mensch das Streben nach Reifung und Entfaltung seiner Anlagen praktiziert (praktizieren kann) und ob er in ausreichendem Maße selbst- und fremdbezogene Wertschätzung erfährt. Eine wichtige Voraussetzung hierfür sind Möglichkeiten, sich für eine Sache zu engagieren und eigenverantwortlich handeln zu können, das gilt für

Schule, Arbeit, Familie und Freizeit gleichermaßen. Vor diesem Hintergrund wird deutlich, dass die im Wandel befindlichen Familienstrukturen mit der steigenden Zahl der allein erziehenden Elternteile, die Segregation der Sozialisationsinstanzen[30] sowie der steigende Druck auf Familienverbände durch die neuen Formen der Arbeitsorganisation ein zusätzliches Potenzial an Gesundheitsbelastung bergen.

Wir sind dabei den Ast abzusägen, auf dem wir sitzen. Wir setzten uns immer höheren Belastungen aus und streben gleichzeitig ein immer höheres Maß an Individualismus an. Dabei ist klar, dass nur relevante soziale Beziehungen das nötige Potenzial an sozialer Unterstützung sicherstellen, um Stresssituationen kompensieren zu können. Soziale Einbindung und die damit verbundene mögliche Unterstützung fördern die Fähigkeiten der Stressverarbeitung und verringern die Erkrankungshäufigkeit. Umgekehrt verfügen Personen mit geringer sozialer Unterstützung über weniger wirkungsvolle Bewältigungsstrategien und entwickeln eine höhere Erkrankungshäufigkeit. Für die Gesunderhaltung ist allerdings weniger die tatsächliche Inanspruchnahme von sozialer Unterstützung ausschlaggebend als vielmehr das grundsätzliche Vorhandensein von Bezügen hoher sozialer Relevanz, die jederzeit die Erfahrung sozialen Integriertseins ermöglichen. Sie sind die Basis für eine zielführende Interpunktion des oben erwähnten, schwächenden rückbezüglichen Regelkreises. Die Wiederherstellung

---

30 Vgl. Dorn 2015

der physischen (Leistungs-)Kraft gelingt am besten in der Gemeinschaft. Gemeinsame Unternehmungen, Bewegung, Spiel und Sport wirken positiv auf das Kohärenzgefühl und unterstützen so gesundheitsförderndes Verhaltens (wie zum Beispiel gesunde Ernährung und Nichtrauchen) sowie die Reaktivierung psychischer Kompetenzen (Selbstwertgefühl, Selbstbewusstsein und differenzierte Selbstwahrnehmung). Nicht zuletzt diese *Gefühle* beeinflussen Gesundheit und Wohlbefinden (wir leben in der Welt die wir denken…).

Das Zusammenwirken von Psyche und Soma spielen also nicht nur eine zentrale Rolle im Hinblick auf Gesundheit und Krankheit, sondern auch in Bezug auf das Sozialverhalten sowie die Bewusstseins- und Handlungsstrukturen. Das bewusste Bemühen, individuell unerwünschte Gefühle zu vermeiden und erwünschte Gefühle herbeizuführen (Supervision, Selbsterfahrung, Tiefenentspannung, Meditation etc.), ist für die Belastungs- und Stressbewältigung von Bedeutung. Gesellschaftliche Normen beeinflussen diesen Prozess. Sie werden über Sozialisationsprozesse vermittelt oder unterlaufen. Die Absicht der Gefühlsregulierung steht auch als Motiv hinter dem Projekt *Memory`s Voices* mit dessen Hilfe präventiv auf alltägliches, gesundheitsrelevantes Verhalten Einfluss genommen werden soll.

2.3 Wie Helfen zum Trauma wird

Die mediale Durchdringung unserer Gesellschaft führt dazu, dass Erinnerung, Fiktion und Realität immer mehr verschwimmen. Indem uns pausenlos suggeriert wird, dass uns alles und jedes zu interessieren hat, verlieren wir immer mehr die Selbstkontrolle und scheitern immer häufiger – zunehmend kritiklos konsumierend – an der Quantität des Komplexen und der Qualität des Illusorischen. Der Widerstand ist gebrochen – Zeitungen, Radio, Fernsehen, Computer, Internet – es geschieht, und wir lassen es geschehen! In einer ökonomisierten Welt, in der immer weniger autark Dominierende über die Interessen vieler abhängig Manipulierter hinwegsetzten, sind nur schlechte Nachrichten geldwerte – also gute – Nachrichten. Seitdem Hollywood in der Lage ist, Galaxien zu erschaffen und längst versunkene Schiffe aufs Neue zu versenken, beginnen wir zu ahnen, dass der von uns er- und zunehmend gelebte Schein manipuliert sein könnte. Authentizität wird virtualisiert. Menschen und Dinge werden transformiert zu etwas, was sie nicht sind – vielleicht weder sein wollen noch sollen. Familienstrukturen zerfallen, Vereinsamung wird der Flexibilisierung vorauseilend zur Individualisierung stilisiert, Überaktivierung dominiert über Reflexion und höhlt so die Persönlichkeiten aus, die dann, für eine gewisse Zeit, in einer inhumanen Arbeitswelt skrupellos bestehen.

Ich wandle nunmehr seit beinahe 20 Jahren zwischen den Welten der Wirtschaft, des Bildungs-, Sozial- und Gesundheitswesens, und ich bin mir – nach Jahren der Forschung – sicher, das oben so prosaisch Beschriebene erkannt zu haben. Es dominieren zunehmend Menschen, die mit einer bestimmten Persönlichkeitsstruktur ausgestattet sind, immer mehr Organisationen funktionieren nur noch auf eine ganz bestimmte Weise. Die Strukturen verändern sich zum Vorteil des Kapitals und zum Nachteil der Menschen. Die (psychischen) Belastungen steigen dabei ebenso kontinuierlich wie die Lebens- und Arbeitszufriedenheit verloren geht[31]. Wohl nicht nur in meinen Augen mehren sich die Indizien dafür, dass wir uns an einen Punkt manövriert haben, an dem der Mensch – getrieben von den Regeln der Me-

---

31 Böcker schon 2004: Nach einer Umfrage der Online-Jobbörse *StepStone* sind nur 23 Prozent der Befragten mit ihrem derzeitigen Job zufrieden und möchten nicht wechseln. Ein Drittel der Befragten möchte nur dann für den jetzigen Arbeitgeber weiter arbeiten, wenn sich am Gehalt und an den Aufgaben etwas ändert. Mitarbeiter haben in den vergangenen Jahren häufig auf ungeliebten Posten ausgeharrt – mangels Alternativen. Viele von Ihnen fühlen sich von den Unternehmen verraten. Seit Jahren dringe der Dauerappell zu den Angestellten durch *„Eigentlich wäre es besser, wir könnten auf euch verzichten"*, sagt Managementautor Reinhard Sprenger. *„Wenn Menschen spüren, dass sie nicht wichtig sind, dann kann man sich nicht wundern, dass sie sich den Unternehmen nicht mehr verbunden fühlen. Bietet man den Menschen keine emotionale Heimat mehr, schielen sie permanent nach dem Notausgang."* Sprenger sieht einen "fundamentalen Wertewandel" am Werk: Im Unterschied zu den früheren Eigentümern der Unternehmen sei es den heutigen Managern noch nicht gelungen, die Balance zwischen Wertzuwachs des Unternehmens auf der einen Seite und dem Wohl der Mitarbeiter auf der anderen Seite zu finden. *„Das Unternehmen ist zum Selbstzweck geworden, der Wertzuwachs wird absolut gesetzt"*, sagt Sprenger und prophezeit begrenzten Arbeitsverhältnissen und mit Ihnen der Zeitarbeitsbranche eine „große Zukunft".

dialität – gegen sich selbst und andere arbeitet, mit fatalen Folgen für das globale Kohärenzgefühl.

Eine Studie der Universitätsklinik Dresden[32] und der Abt. für Psychosomatische Medizin und Psychotherapie der Universität Erlangen[33] befasste sich mit dem Zusammenhang von *Burnout* und induzierter (sekundärer) Traumatisierung im Rettungsdienst und bestätigt das oben ausgeführte. Die Studie ergab bereits 2003 – zur Halbzeit der Medialisierung-, dass rund ein Fünftel der Befragten RettungsassistentInnen eine mildere Form des *Burnouts* zeigte und über ein Zehntel gar ein Vollbild. Die Befragten mit der Diagnose *Burnout* waren mit ihrer Lebenssituation sowie mit ihrer Arbeit unzufriedener, fühlten sich in ihrem Entscheidungsspielraum eingeschränkt und fremdbestimmt. Nach Antonovsky zeigen die Betroffenen damit alle relevanten, dem Kohärenzsinn abträgliche Einstellungsmerkmale34.

---

32 Groß, Joraschky, Mück-Weymann, Pöhlmann 2003

33 Petrowski 2003

34 Auffällig war in diesem Zusammenhang allerdings, dass nicht nur die positiv Diagnostizierten eine subklinische Ausprägung von sekundärer Traumatisierung zeigten, sondern praktisch alle Befragten. Dies lässt vermuten, dass eine erhöhte Traumaprädisposition keine klinische Ausprägung eines Burnout-Syndroms voraussetzt, sondern dass die Empfänglichkeitsschwelle bereits durch weniger imponierende Faktoren gesenkt wird. Treten zum Beispiel Intrusionen, Übererregung und Vermeidungsverhalten auf, sind dies offensichtlich sichere Anzeichen für eine bereits deutlich erhöhte Prädisposition. Das Auftreten dieser Faktoren steht dabei offensichtlich im Zusammenhang mit den Zahlen der Einsätze / Situationen,

Diese Zusammenhänge werden auch vom DAK Gesundheitsreport 2015 gestützt. Der Autor Martin Krodt von der DAK-Forschung geht etwa davon aus, dass an den Arbeitsplätzen zunehmend Bedingungen vorherrschen, die ausreichen, um depressive Störungen, Angststörungen und ähnliche Syndrome auszulösen. Bei einem ansonsten niedrigen Krankenstand in Deutschland sind bereits zwischen 1997 und 2002 die Krankheitstage aufgrund psychischer Störungen um 63 Prozent gestiegen. Im Raum steht allerdings die Vermutung, dass Nolting damit nur die Spitze des Eisbergs angekratzt hat, zumal es an den Schulen ähnlich aussieht. Die Zahl der Angst-, Abhängigkeits- und Belastungsstörungen nehmen auch hier – sowohl bei LehrerInnen als auch bei SchülerInnen – zu. Darüber hinaus weitet sich das Phänomen der Aufmerksamkeitsstörung und Hyperaktivität immer weiter aus. Die Zahl der Schulkindern verschriebenen Tagesdosen ist im Zeitraum von 1991 bis zum Jahr 2000 von 400.000 auf 13,5 Mio. pro Jahr gestiegen[35]. Derzeitiger Verordnungsstand: 80 Mio. Tagesdosen pro Jahr!!!

Da meine These bislang leider nur von einer wenngleich auch immer dichter werdenden Indizienkette gehalten wird, versuche ich seit geraumer Zeit herauszufinden, in *welchen Konstellationen sich welche Intrusionen wie* auf meine psychophysiologische Verfassung auswirken. Die

---

bei denen die Befragten selber in Lebensgefahr waren, Angst hatten oder sich hilflos/überfordert fühlten.

[35] Vgl. Schubert et al. 2002

ursprüngliche Idee dahinter war eigentlich die, dass ich vermeiden wollte ausgerechnet dann Dienste (im Rettungsdienst, in der Krisenintervention, in der psychosozialen Beratung etc.) zu übernehmen, wenn ich eine hohe Anfälligkeit für eine mögliche Traumatisierung zeigte. Es stellte sich, nach Auswertung eines Jahres heraus, dass ich immer dann besondere Schwierigkeiten mit entsprechenden Einsätzen hatte, wenn meine psychophysiologische Verfassung durch einen hohe Arbeitsbelastung an der Hochschule etc. gelitten hatte, respektive dann, wenn ich, getrieben von einem mir selbst auferlegten Druck (resultierend aus einer von subjektiv wahrgenommenen Bedrohungen genährten, diffusen Existenzangst) die Fähigkeit einbüßte, durch Reflexion warnende Signale meines Körpers zu erkennen und zu deuten.

So war ich zum Beispiel deutlich besser in der Lage, Einsätze wie den in Pirna, anlässlich des Jahrhunderthochwassers im Sommer 2002, oder das Flugzeugunglück über dem Bodensee zu verarbeiten, als kürzlich den unverschuldeten Unfall eines 16jährigen Jungen, der ein Schädel-Hirn-Trauma erlitt und der trotz erheblicher Intervention bereits vor Ort, diesen Unfall wohl nur gerade so überlebte. Auffällig war, dass den beiden erstgenannten Einsätzen jeweils eine deutliche Erholungszeit vorausging, während mich der Einsatz mit dem Jungen in einer sehr stressigen Zeit zum Semesterende während einer Vielzahl von Diplombetreuungen und einer hohen Frequentierung der psychosozialen Beratung traf.

3. Kohärenz stiften durch reflektiertes Erleben im Spiegel der Biografie

Das Digital Storytelling36, das maßgeblich vom *Center for Digital Storytelling* entwickelt wurde, ist grundsätzlich nur eine neue Form der Überlieferung und Aufzeichnung von Erfahrungen:

> *We all have stories about the events, people and places in our lives. Many of the stories we demonstrate in our workshops are directly connected to the images that one collects in a life's journey. But our primary concern is encouraging thoughtful and emotionally direct writing. As in "Momnotmom", we have found that writing into the images, narrating the story, and bringing the images to life using the power of digital media design tools, creates a powerful medium for presenting a story. In a group process, the sharing of these stories connects people in special ways. People often come to our workshops feeling insecure about their writing, about the technology, about their design sensibility. At the end of the workshops, when the stories our (sic) shared, their (sic) is a bit of magic, as the fruits of their*

---

36 Anregungen und weiterreichende Erläuterungen finden Sie auch auf den Seiten des *Center for Digital Storytelling* (http://www.storycenter.org). Eine genaue Anleitung bietet darüber hinaus das *Cookbook* (http://www.storycenter.org/memvoice/pages/cookbook.html).

own work, and those around them, surprises and inspires37.

Das *Center for Digital Storytelling* überträgt mit seiner Methode die positiven Eigenschaften der ursprünglichen Formen der mündlichen Überlieferung – Förderung der Vorstellungskraft, der Konzentrationsfähigkeit, des Spracherwerbs, des Gefühls von Zugehörigkeit usw. (allesamt Kohärenzgefühl38 bildende Faktoren) – auf ein *Neues Medium* und führt damit den Prozess der Evolution der Überlieferungsformen fort39.

Ich habe die Methode des *Center for Digital Storytelling* nun dahingehend adaptiert40, dass sie

---

37 *Understanding Digital Storytelling*

38 *Kohärenzgefühl:* Beschreibt die Grundhaltung des Individuums gegenüber der Welt und dem eigenen Leben.

39 Gute praktische Beispiele hierzu finden sich auf den neuen Seiten des *Center for Digital Storytelling* (vgl. *Case Studies in Digital Storytelling*, <http://www.storycenter.org/casestudies.html>). Deutschsprachige Publikationen zum Thema *Digital Storytelling* sind mir, mit Ausnahme von einzelnen, interessanten Ansätzen nicht bekannt. Vgl. im Bereich des Wissensmanagements Story Telling in Unternehmen: *Vom Reden zum Handeln – nur wie? Teil 1 + 2* (Links im Anhang) oder im Bereich der therapeutischen Intervention: *Heilende Geschichten - Kinder wachsen mit Worten* von Babara van den Speulhof 2000 (Beustverlag)

40 Den Anstoß für diese Entwicklung gab ein Kongressbesuch im Jahr 2001 in Kalifornien. Eine Vertreterin des Center for Digital Storytelling (Berkeley) hielt einen Vortrag über verschiedene soziale Probleme, den sie mittels verschiedener Digital Stories (kurzer Videoclips) illustrierte. Diese emotionale Auflading zog sämtliche ZuhörerInnen so in ihren Bann,

mit dem Modell der Salutogenese des Medizinsoziologen Aaron Antonovsky korrespondiert. Der zentralen Frage der Salutogenese folgend, warum Menschen gesund bleiben, versuche ich zu erschließen, wie Medien eingesetzt werden können, sodass sie den mittlerweile zweifelsfrei erwiesenen negativen psychophysiologischen Medienwirkungen kompensierend entgegengestellt werden können. Mir geht es darum, je nach Ableitung der pädagogisch-didaktischen Intention und unter besonderer Berücksichtigung transformierter Bewusstseins- und Handlungsstrukturen medial sozialisierter Menschen – Lernprozesse ebenso wie therapeutische Ansätze zu unterstützen.

Eine Methapher die Antonovsky zur Illustration seines Ansatzes diente, macht deutlich, um was es ihm geht: Er vergleicht die pathogenetische Herangehensweise[41] mit dem Versuch, Menschen mit hohem Aufwand aus einem reißenden Fluss zu retten, ohne sich Gedanken darüber zu machen, wie und warum sie da hineingeraten sind und warum sie nicht besser schwimmen können. Ähnlich verhält sich die aktuelle Medienpädagogik, die nicht erkennen mag, wie und

---

wie ich es bis dahin noch nicht erlebt hatte. Zurück an meiner Hochschule begann ich daraufhin nach einer Möglichkeit zu suchen, diese Methode meine Intention unterstützend zu adaptieren, um sie dann auch im Rahmen meiner Vorlesungen und Seminare sowie in der therapeutischen Praxis einsetzen zu können.

41 *Pathogenese:* Sie beschreibt den Prozess der Entwicklung einer Krankheit und leitet daraus entsprechende Behandlungskonzepte ab.

warum Menschen in den Fluss fallen und warum die Strömung immer stärker wird. Die Salutogenese betrachtet, ähnlich meiner Methode, den Fluss des Lebens42:

> *Niemand geht sicher am Ufer entlang. Darüber hinaus ist für mich klar, dass ein Großteil des Flusses sowohl im wörtlichen wie auch im herkömmlichen Sinn verschmutzt ist. Es gibt Gabelungen im Fluss, die zu leichten Strömungen oder in gefährliche Stromschnellen und Strudel führen. Meine Arbeit ist der Auseinandersetzung mit folgender Frage gewidmet:* **Wie wird man**, *wo immer man sich in dem Fluss befindet, dessen Natur von historischen, soziokulturellen und physikalischen Umweltbedingungen bestimmt wird,* **ein guter Schwimmer?**43

Wie Antonovsky bin auch ich der Frage auf der Spur, wie Menschen *immunisiert* werden können, sodass die (krankmachenden) multidimensionalen psychophysiologischen Wirkungen der Medialität[44] wirkungslos bleiben. Vor diesem Hintergrund versuche ich das Wirkungsspektrum der Medialität zu ergründen (*das Wesen des Flusses,*

---

42 Vgl. u.a. auch Theory of Planned Behavior, Fishbein & Ajzen 1967/1991; Mandala-Modell der Gesundheit, Hancock 1990; Health Belief Modell, von Rosenstock 1966, Becker 1974; Integratives Anforderungs-Ressourcen-Modell, Becker 1992

43 Antonovsky 1997 (deutsche Fassung – Übersetzerin: Alexa Franke)

44 Vgl. u.a. Myrtek, Scharff 2000, Dorn 2015 und 2004

das von historischen, soziokulturellen und physikalischen Umweltbedingungen bestimmt wird) und nach Möglichkeit gesundheitsfördernd zu instrumentalisieren (*die Menschen zu guten Schwimmern machen*). Aus Sicht der Medien- und Sozialpsychologie geht es dabei um die Klärung folgender Fragen[45]:

- Wie handelt der durch die Medien behandelte Mensch?
- Wie wird der handelnde Mensch durch medial behandelte Menschen behandelt?

Ähnlich der Einteilung Antonovskys, der die übliche dichotome Einteilung in gesund und krank[46] ablehnt und von der Gesundheit als einem Kontinuum (mit den Polen Gesund vs. Krank) spricht, möchte ich meinen medienpädagogischen Ansatz verstanden wissen. Medialität ist weder gut noch schlecht, wohin allerdings der Ausschlag geht, hängt maßgeblich davon ab, wie man sich im diesem Kontinuum verhält, respektive wie man damit zu Recht kommt. Den ausschließlich fremdgesteuerten Medienjunkie gibt es ebenso wenig wie den absoluten Medienverweigerer. So wie Antonowsky Gesunden kranke Anteile zuschreibt und Kranken gesunde Anteile (die jeweils ihre Wirkungen entfalten), ist im Kontinuum der Medialität stets von einer mehr oder minder potenten Einflussnahme auf die Psychophysiolo-

---

[45] Eine weitere, in diesem Zusammenhang nicht primäre Dimension, befasst sich mit der Frage der Medienkompetenz: *Wie behandelt der Mensch die Medien?*

[46] Gesundheit schließt hierbei Krankheit aus und umgekehrt.

gie auszugehen47. Daraus ergibt sich hinsichtlich des psychophysiologischen Status niemals die Frage nach krank oder gesund (Medienkonsument oder Medienverweigerer), sondern vielmehr nach der aktuellen Tendenz und der Entfernung von den beiden Extremen.

Nach Antonovsky werden Tendenz und Entfernung[48] (also der zu erwartende oder aktuelle psychophysiologische Status eines Menschen) wesentlich durch eine individuelle, psychologische Einflussgröße bestimmt. Dieser als Kohärenzgefühl (sense of coherence >> SOC) bezeichnete Faktor beschreibt die Grundhaltung des Individuums gegenüber der Welt und dem eigenen Leben. Von dieser Grundhaltung hängt es seinem Verständnis nach maßgeblich ab, wie gut Menschen in der Lage sind, vorhandene Ressourcen zum Erhalt ihrer Gesundheit und ihres Wohlbefindens zu nutzen. Je ausgeprägter das Kohärenzgefühl einer Person ist, desto gesünder ist sie bzw. desto schneller wird sie gesund und bleibt es.

Antonovsky beschreibt dieses Kohärenzgefühl49 zunächst als...

---

47 Vgl. Dorn 2015 (Primäre und sekundäre Transformationspotenziale der Medialität)

48 Bei einem intakten Kontinuum, das nicht durch Faktoren wie Krieg, Hunger oder problematischen hygienischen Umständen beeinträchtigt wurde / wird.

49 Das Kohärenzgefühl bildet meiner Ansicht nach die Quelle der Selbstheilungskraft und bildet damit die Basis eines jeden Erfolg versprechenden Therapievorhabens.

[. . .] eine grundlegende Lebenseinstellung, die ausdrückt, in welchem Ausmaß jemand ein alles durchdringendes, überdauerndes und zugleich dynamisches Gefühl der Zuversicht hat, dass seine innere und äußere Erfahrenswelt vorhersagbar ist und eine hohe Wahrscheinlichkeit besteht, dass sich die Angelegenheiten so gut entwickeln, wie man vernünftigerweise erwarten kann50.

Mit dieser Definition wird zugleich deutlich, dass diese Grundeinstellung zum Leben fortwährend mit neuen – medial determinierten – Lebenserfahrungen konfrontiert und von ihnen beeinflusst wird. An dieser Stelle greifen die Transformationspotenziale der Medialität – Medialisierung und mediale Durchdringung – an. Deutlich wird dies, wenn man die drei Faktoren ableitet, die Antonovsky folgend die Grundhaltung eines zusammenhängenden und sinnvollen Selbst-, Lebens-, und Weltverständnisses determinieren51:

1. Gefühl von Verstehbarkeit (sense of comprehensibility)
Das Gefühl von Verstehbarkeit beschreibt (als kognitives Verarbeitungsmuster) die Fähigkeit von Menschen, bekannte und auch unbekannte Stimuli als geordnete, konsistente, strukturierte Informationen verarbeiten zu können.

---

50 Antonovsky 1997, S. 92

51 Antonovsky 1997, S. 92f

Diese Fähigkeit wird durch die Ökonomisierung der Lebenswelt unterlaufen, indem Beschleunigung die Reflexion verdrängt. Menschen handeln immer mehr einem medial suggerierten Sollen als einem reflektierten Wollen folgend. Bedürfnisse und Begehrlichkeiten leiten sich nicht mehr aus Notwendigkeit ab, sondern aus manipulativ und ökonomisch motiviert gesetzten Reizen.

2. Gefühl von Handhabbarkeit bzw. Bewältigbarkeit (sense of manageability)
Das Gefühl von Handhabbarkeit bzw. Bewältigbarkeit beschreibt (als kognitiv-emotionales Verarbeitungsmuster) die Überzeugung eines Menschen, dass er geeignete Ressourcen zur Verfügung hat, um den Anforderungen zu begegnen – wozu auch der Glaube an die Hilfe anderer Menschen oder einer höheren Macht zählt.

Diesem Anspruch steht u.a. eine zum Dogma mutierte Technikgläubigkeit sowie die fortschreitende Durchdringung sämtlicher Prozesse mit immer komplexeren und undurchschaubareren technischen Applikationen sowie steigender Konkurrenzdruck und die anhaltende Tendenz zur Individualisierung entgegen.

3. Gefühl von Sinnhaftigkeit bzw. Bedeutsamkeit (sense of meaningfulness)
Das Gefühl von Sinnhaftigkeit bzw. Bedeutsamkeit beschreibt das Ausmaß, in dem man das Leben als emotional sinnvoll empfindet: Dass wenigstens einige der vom Leben gestellten Probleme und Anforderungen es wert sind, dass man Energie in sie investiert, dass man sich für sie einsetzt und sich ihnen verpflichtet; dass sie eher

willkommene Herausforderungen sind, als Lasten, die man gerne los wäre. Antonovsky sieht diese motivationale Komponente als den wichtigsten Aspekt des Kohärenzgefühls an, denn ohne das Erleben von Sinnhaftigkeit neigt der Mensch dazu, das Leben vor allem als Last zu empfinden und jede weitere sich stellende Aufgabe als Qual.

Die Medialisierung hat die Welt in der Wahrnehmung der Menschen zu einem Ort gemacht, deren Eindruckswirkung von schlechten Nachrichten geprägt wird, weil nur sie – ökonomisch – also geldwerte gute Nachrichten sind. Sie stellt sich damit wohl um ein vielfaches komplexer, schneller, größer, unfassbarer, ungerechter und grausamer dar, als sie es tatsächlich ist, wobei entsprechende Reaktionen nicht ausbleiben. Indem in rasender Frequenz, um Sendezeiten rund um die Uhr auf zahllosen Kanälen zu füllen, zunehmend aus einem Nichts ein Etwas und aus einem Etwas etwas Gigantisches gemacht wird, verschiebt sich die Perspektive auf ein Leben, dessen reale und individuelle Einzigartigkeit entwertet wird.

Vor dem Hintergrund dieser drei Faktoren beschreit Antonovsky das Kohärenzgefühl konkreter als…

> *…eine globale Orientierung, die das Ausmaß ausdrückt, in dem jemand ein durchdringendes, überdauerndes und dennoch dynamisches Gefühl des Vertrauens hat, dass erstens die Anforderungen aus der inneren oder äußeren Erfahrenswelt im Verlauf des Lebens*

*strukturiert, vorhersagbar und erklärbar sind und dass zweitens die Ressourcen verfügbar sind, die nötig sind, um den Anforderungen gerecht zu werden. Und drittens, dass diese Anforderungen Herausforderungen sind, die Investitionen und Engagement verdienen*52.

Ein stark ausgeprägtes Kohärenzgefühl führt dazu, dass ein Mensch flexibel auf Anforderungen reagieren kann. Es aktiviert die für diese spezifische Situation angemessenen Ressourcen und wirkt damit als flexibles Steuerungsprinzip, das den Einsatz verschiedener Verarbeitungsmuster (Copingstrategien) in Abhängigkeit von den Anforderungen anregt. Das Kohärenzgefühl entwickelt sich im Laufe der Kindheit und Jugend und wird von den gesammelten Erfahrungen und Erlebnissen beeinflusst. Während sich das Kohärenzgefühl in der Adoleszenz noch umfassend verändern kann (noch hohe Plastizität des Gehirns), ist es nach Antonovsky – und das würde mit den Erkenntnissen der aktuellen Hinrnforschung übereinstimmen – mit etwa dreißig Jahren voll ausgebildet und relativ stabil. Im Erwachsenenalter ist es deshalb nur noch schwer veränderbar, und eine solche Veränderung erfordert eine harte und kontinuierliche (auch therapeutische) Arbeit.

Ob sich ein starkes oder ein schwaches Kohärenzgefühl herausbildet, hängt für Antonovsky vor allem von den gesellschaftlichen Gegebenheiten ab, d.h. insbesondere von der Verfügbar-

---

52 Vgl. Antonovsky 1997, S.36f

keit generalisierter Widerstandsressourcen. Als generalisierte Widerstandsressourcen – die in der Medialität zunehmend zerfallen53 – werden sowohl individuelle (z.b. körperliche Faktoren, Intelligenz, Bewältigungsstrategien54) als auch soziale und kulturelle Faktoren (z.b. soziale Unterstützung, finanzielle Möglichkeiten, kulturelle Stabilität55) bezeichnet, die die Widerstandsfähigkeit einer Person erhöhen. Sie haben zweierlei Funktionen: Zum einen prägen sie kontinuierlich den Sozialisationsprozess und justieren somit innerhalb eines rückbezüglichen Regelkreises das Kohärenzgefühl. Zum anderen bilden sie ein Portfolio, auf das zurückgegriffen werden kann, wenn es zur Bewältigung einer Stresssituation notwendig wird. Eine solche Stresssituation kann im Verständnis von Antonovsky von sog. Stressoren, die sich in physikalische, biochemische und psychosoziale Stressoren (die in gegenständlichem Zusammenhang von besonderem Interesse sind) unterteilen lassen, verursacht werden. Ein Stressor ist demnach:

---

53 Vgl. Dorn 2015

54 Vgl. Dorn 2015 (Kapitel 3, Die körperliche und seelische Transkription durch die Medialität)

55 Vgl. Dorn 2015 (Kapitel 3, *Soziale Integration der Sozialisationsinstanzen: Wiederherstellung von Beziehungen erster Ordnung mit Hilfe NM* sowie *Die Segregation der Sozialisationsinstanzen als Auslöser des Zerfalls von Beziehungen erster Ordnung* und *Die Wiederherstellung von Beziehungen erster Ordnung zwischen den Sozialisationsinstanzen unter Einbeziehung NM)*

> *...eine von innen oder außen kommende Anforderung an den Organismus, die sein Gleichgewicht stört und die zur Wiederherstellung des Gleichgewichts eine nichtautomatische und nicht unmittelbar verfügbare, energieverbrauchende Handlung erfordert56.*

Nach dieser Definition führen Stressoren also aufgrund nicht vorhandener oder inadäquater Reaktionsschematas zu einer psychophysiologischen (Über-)Aktivierung[57]. Aufgrund der Tatsache, dass in den Industrienationen die Gefährdung durch physikalische und biochemische Stressoren abgenommen hat, rückt die Bedeutung der psychosozialen Stressoren in den Vordergrund (was wiederum diesen Ansatz aus Sicht der Sozialpsychologie so interessant macht).

Verfügt eine Person über ein gut ausgeprägtes Kohärenzgefühl, dann wird sie in der Regel (adäquat aktiviert58) reiztoleranter sein, als eine Person mit einem schwach ausgeprägten Kohärenzgefühl. Sie wird also einen Reiz, den eine andere Person als spannungserzeugend beschreiben würde, ggf. als neutral bewerten (*primäre Bewertung I*). Sie könnte selbst dann, wenn sie diesen Reiz als Stressor bewerten würden, noch unter-

---

56 Antonovsky 1997, S.36

57 Die Wirkung physikalischer und biochemischer Stressoren (z.B. die Einwirkung durch Waffengewalt, Hunger, Gifte oder Krankheitserreger etc.) kann so stark sein, dass sie sich – bis zum Ableben – direkt auf den Gesundheitszustand auswirken.

58 Vgl. Guttmann 1984, 1985, 1990

scheiden, ob er als bedrohlich, günstig oder irrelevant einzuschätzen ist (*primäre Bewertung II*). Würde sie ihn als günstig oder irrelevant bewerten, würde zwar eine Anspannung wahrgenommen, gleichzeitig würde aber angenommen, dass die Anspannung ohne energieverbauchende Handlung von statten geht, womit der Spannung auslösende Stressor zum Nicht-Stressor umdefiniert wird. Darüber hinaus wird sich, dem Konzept der Salutogenese folgend, eine Person mit einem ausgeprägten Kohärenzgefühl auch dann nicht inadäquat[59] bedroht fühlen, wenn ein Stressor als tatsächlich bedrohlich eingestuft wird. Verhindert wird das inadäquate Gefühl der Bedrohung durch das vorhandene Vertrauenspotenzial in sich selbst und das Leben sowie das Bewusstsein, solche Situationen bewältigen zu können.

Das Modell der Salutogenese zielt vor allem darauf ab, zu verhindern, dass Spannung sich in Belastung verwandelt, da ein zu großes Maß an anhaltendem oder wiederholtem Erleben von Stress zusammen mit körperlichen Schwächen eine Gesundheitsgefährdung bedeutet. Beides erfahren wir – wie oben erläutert – in der / durch die Medialität, die uns, wenn man so will, über

---

[59] Antonovsky geht davon aus, dass Menschen mit einem hohen SOC auf bedrohliche Situationen grundsätzliche mit gesteuerten und der Situation angemessenen Gefühlen reagieren, wohingegen Personen mit einem niedrigen SOC eher mit diffusen, schwer zu regulierenden, die Physis belastenden Emotionen reagieren, die dazu führen, dass sie handlungsunfähiger werden, weil ihnen das Vertrauen in die Bewältigbarkeit der Situation fehlt (*primäre Bewertung III*).

mindestens zwei Dimensionen tagtäglich sekundär (kumulativ) traumatisiert – durch die neuen Formen der Daseinsorganisation und durch ein mittels Gewalt, Lügen und Betrug inszeniertes und medial vermitteltes Weltbild (vgl. die Berichterstattung rund um den 11. September, die Argumentation und Darstellung des Irakkriegs, aber auch die mediale Instrumentalisierung des Schulmassakers von Erfurt). Vor diesem Hintergrund und in diesem Zusammenhang nimmt Antonovsky konkret folgende Wirkungsweisen des Kohärenzgefühls an[60]:

- *Das Kohärenzgefühl beeinflusst verschiedene Systeme des Organismus (z.B. Zentralnervensystem, Immunsystem, Hormonsystem) direkt, indem es bei den kognitiven Prozessen mitwirkt, die über die Bewertung einer Situation als gefährlich, ungefährlich oder willkommen entscheidet*[61].

Von der Medienkompetenz (Wie behandelt der Mensch die Medien?) hängt es ab, welche pychophysiologische Medienwirkung die Transformationspotenziale der Medialität entwickeln. Die gilt insbesondere für Kinder und Jugendliche, die aufgrund der noch starken Plastizität ihrer Psyche (Neuronalen Strukturen) und der fehlenden Vergleichbarkeit mit einer Welt gegen-

---

60 Vgl. Antonovsky 1997

61 Im Bereich der Psychoneuroimmunologie sieht Antonovsky seine Auffassung bestätigt, dass kognitiv-motivationale Aspekte direkten Einfluss auf Organsysteme und damit auf die körperliche Gesundheit bzw. Krankheit nehmen können.

ständlicher Werte[62] besonders anfällig sind. Grundsätzlich gilt: Je unreflektierter sie wirken, desto extremer fallen die psychosomatischen Konsequenzen aus (z.B. die steigende Zahl der Kinder bei denen AD(H)S diagnostiziert wird).

- *Das Kohärenzgefühl mobilisiert vorhandene Ressourcen, die zu einer Spannungsreduktion führen und damit indirekt auf die physiologischen Systeme der Stressverarbeitung wirken. Während eine kurzfristige physiologische Stressreaktion (Anspannung) als nicht gesundheitsschädigend eingeschätzt wird, wenn sie durch eine anschließende Erholungsphase ausgeglichen wird, entsteht eine Schädigung dann, wenn die selbstregulierenden Prozesse des Systems gestört sind.*

Die von der Medialisierung getragene Globalisierung der Ökonomie sorgt dafür, dass sowohl Quantität als auch Qualität der (psychosozialen) Stressoren zunehmen, deren Wirksamkeit durch die mediale Durchdringung potenziert wird. Getriebene und ängstliche Menschen zeigen häufiger überzogene Reaktionen, erfahren einen Leistungsabfall durch Überaktivierung[63], schätzen (soziale) Situationen falsch ein und verlieren schlussendlich ihr Mitgefühl (Wie wird der handelnde Mensch durch medial behandelte Menschen behandelt?).

---

[62] Vgl. Daniel 1975, Dorn 2015

[63] Vgl. Guttmann 1984, 1985, 1990

- *Menschen mit einem hohen Kohärenzgefühl sind eher in der Lage, sich gezielt für gesundheitsfördernde Verhaltensweisen (z.B. gesunde Ernährung, rechtzeitig einen Arzt aufsuchen) zu entscheiden und gesundheitsgefährdende Verhaltensweisen zu vermeiden.*

Dass das Kohärenzgefühl gerade bei Kindern und Jugendlichen leidet (den Erwachsenen von morgen...) zeigen die aktuellen Entwicklungen (Die Ausbildung des Kohärenzgefühls fällt, wie oben beschrieben, in die Adoleszenz!). Die Zahl der jugendlichen Alkohol-, Nikotion- und Drogenkonsumenten steigt ebenso wie die der Kinder und Jugendlichen mit Übergewicht und Essstörungen (Wie handelt der durch die Medien behandelte Mensch?).

Mein medienpädagogischer Ansatz des *Digital Storytelling* setzt in dieser Phase höchster Plastizität an und unterstützt die Ausbildung eines starken Kohärenzgefühls, indem sie die (medial sozialisierten) Kinder und Jugendlichen in die Lage versetzt, ihrer erlebten Erinnerung[64] – ihrer biografischen Geschichte im soziokulturellen Kontext (und in Bezug zum jeweiligen Thema) – Ausdruck zu verleihen, somit Bedürfnisse aber auch Befindlichkeiten bildlich und sprachlich zu artikulieren und so anderen zugänglich zu machen. So wird gegenseitiges Verständnis, Mitgefühl und die Bildung sozial relevanter Strukturen unterstützt, was u.a.[65] die gegenseitige Rücksichtnah-

---

64 Vgl. Schacter 2001

65 Vgl. Dorn 2004

me und das soziale Miteinander fördert. Durch diese Personalisierung und Publikation wird erreicht, dass die Menschen aneinander und füreinander wachsen. Dadurch wird Aufmerksamkeit so gelenkt, dass die aus individuellem Bewusstsein resultierenden Handelungen sowohl dem Einzelnen als auch der Gemeinschaft zugute kommen. So lassen sich zum Beispiel auch – im Hinblick auf die Problematik der sekundären Traumatisierung – die von Brauchle et al[66] postulierten *vier zentralen Bereiche der primären Prävention* unterstützen:

- *Information*
  Informationen bilden die Basis für „subjektive Sicherheit und Gewissheit der Unterstützung". Es gilt z.B. mögliche Einsatzszenarien zu rationalisieren und aus der medial geschaffenen Welt der Katastrophenmythen herauszulösen (z.B. das, was am 11. September tatsächlich stattgefunden hat). Die HelferInnen können z.B. ein zur Disposition gestelltes Szenario personalisiert illustrieren und dann mit anderen abgleichen und nachbesprechen. So erhält man u.a. Aufschluss über Belastbarkeit und Kompetenzen.

- *Einsatzerfahrung und Training*
  Mittels dieser Methode lassen sich Einsatznachbesprechungen und Supervisionen wesentlich wirkungsvoller gestalten, indem das individuelle Erleben – emotional aufgeladen und damit der Belastung der erlebten Situati-

---

[66] Vgl. Brauchle et al 2000 S. 289f

on eher entsprechend – bildhaft und multikodal dargestellt wird. Diese authentischen *medialen Vorerfahrungen* helfen, die Stressbelastungen im Einsatzfall zu reduzieren.

- *Mastery*
  Einer möglichen Traumatisierung kann auch dadurch vorgebeugt werden, dass die HelferInnen dabei unterstützt werden, bestimmte Handlungsabläufe zu automatisieren. So werden kognitive Ressourcen geschaffen, die verhindern, dass sie in der kritischen Phase des beginnenden Einsatzes überwältigt werden.

- *Teamwork*
  Krisenintervention ist – im Idealfall – immer Teamarbeit. Der Partner gibt Sicherheit und ist als Regulativ der beste Schutz vor Überforderung. Dies gilt allerdings nur für harmonierende Teams. Diese können nicht einfach zusammengesetzt werden, sondern müssen sich im Rahmen eines Prozesses finden. Dieser Prozess kann nur dann erfolgreich sein, wenn die Beteiligten ihre *Rollenmasken* ablegen und sich auf der emotionalen Ebene kennen lernen können.

3.1 Spiegel der Biografie: Digital Storytelling

Im Rahmen des *Digital Storytelling nach Dorn* integrieren die KlientInnen – einzeln oder in Gruppen –, eingebettet in ein spezifisches didaktisches Szenario, die Macht der (bewegten) Bilder sowie das Arrangement von Stimme und Musik zu hochemotionalen Geschichten[67] in Form von kurzen Videoclips und nehmen so Stellung zu einem spezifischen Thema / einer Situation / eines Erlebnisses / eines Empfindens, betrachtet von einem aus Sicht ihrer Biografie relevanten Standpunkt aus. Angelehnt an die *7 Elements* des *Center for Digital Storytelling*, beschreiben die nachfolgenden sieben Punkte, die Stationen auf dem Weg hin zu einer Digital Story, respektive einem *Digital Storytelling*-Projekt.

- *(S)Einen Standpunkt einnehmen*
  Es ist die Aufgabe des/der Lehrenden, die Lernenden bei der Konkretisierung IHRES Standpunkts zu unterstützen. Der Schlüssel hierzu liegt in der Vermittlung rhetorischer Kompetenz. Nur wenn Erinnertes auch benannt werden kann, kann es Gegenstand einer bewussten Reflexion werden. Selbstverständlich kann dies auf verschiedene Arten, z.B. mittels moderierter Diskussionen, Gruppenarbeiten oder aber individueller Recherche (mit oder ohne Coaching), von statten gehen. Sehr

---

67 Als Quelle für Bilder und Musik (Urheberrecht!) usw. bietet sich insbesondere das Internet an, selbstverständlich können aber auch analoge Medien (private Fotos usw.) digitalisiert, oder eigene Geräusche oder Musik aufgenommen werden.

schön wird dies im „Making of" auf den DVDs von *Der Herr der Ringe* deutlich, wenn z.B. die SchauspielerInnen – während sie verschiedene, von ihnen gespielte Szenen nochmals vor ihrem inneren Auge Revue passieren lassen – das ihrem Spiel zugrunde liegende Bewusstsein im Rahmen von Interviews nochmals reflektieren. Die so gewonnenen Ergebnisse können dann z.B. im Anschluss auch präsentiert und diskutiert werden. So wird der Kern der jeweiligen Geschichte, die man zu erzählen gedenkt – das, was einen fesselt, was man nicht verstehen kann, was einen schockiert, worauf man spekuliert, wofür man eintritt etc. – auf den Punkt gebracht. Darüber hinaus bekommen die ErzählerInnen so eine Rückmeldung von ihrer Peergroup, Diffuses wird konkret, Unfassbares fassbar und Fragwürdiges beantwortet.

- *Themen finden und Wissen wollen*
  Was die Lernenden auf dem Weg hin zu ihrer Geschichte leisten müssen, nämlich die Dinge auf den Punkt zu bringen, wird an dieser Stelle auch vom/von der Lehrenden verlangt, nämlich dahingehend, dass er/sie einen festen Rahmen schafft, indem er/sie ein konkretes Thema vorgibt. Ich erinnere in diesem Zusammenhang an ein gerade an Schulen und Hochschulen großes Thema: Die mögliche deutsche Beteiligung am Irak Krieg. Die Frage war lediglich „ja" oder „nein" – wir machen mit oder wir lassen es bleiben. Wollte man die Thematik zielführend und nutzbringend behandeln, wäre zum Beispiel die Fragestellung „Was ist Krieg?" denkbar und sinnvoll gewe-

sen. Hier hätte man die Gesichter des Krieges zeigen können – zerfetzte Soldaten überall auf der Welt ebenso wie das, was auf vielen Schulhöfen oder in immer mehr Trabantenstädten direkt hier bei uns vor der Haustür stattfindet. So wird Doppelmoral entlarvt und das Assoziationsvermögen geschult.

- *Das Wesen des Menschen macht Geschichte*
Kaum jemand sagt mehr das, was er wirklich denkt, geschweige denn fühlt. Sei es aus politisch-taktischem Kalkül oder aber aus Angst vor Reaktionen oder Restriktionen des Umfeldes. Unter diesen Voraussetzungen etwas über das Wesen der Menschen zu erfahren, die einen umgeben, was sie belastet, beschäftigt, interessiert oder verärgert ist nahezu unmöglich – wenngleich auch für ein für alle Beteiligten erfolgreiches Miteinander unabdingbar. Da in einer Geschichte immer mehr enthalten ist, als vom Autor bewusst beabsichtigt, bietet sich so die Chance, die Aussage des Verfassers über seine Geschichte anhand der Geschichte selbst zu überprüfen – ebenso wie die Aussagen Dritter. Der Autor ist gegenüber dem, was er geschaffen hat, immer selbst auch Interpret, denn selbst er kann sich weder der Macht der unbewussten Erinnerung entziehen, noch kann er sich an alle Bewusstseinszustände erinnern, die ihn veranlasst haben, das, was er in die Geschichte hat einfließen lassen, so einfließen zu lassen, wie er es getan hat[68]. Diese unbewusst kommunizier-

---

[68] Vgl. Bidlo 2003

ten Emotionen, die Wünsche, Sehnsüchte und Ängste, Wut und Ohnmacht sind es, die uns an den *Digital Stories* fesseln und uns Eindrücke von Menschen vermitteln, die wir sonst kaum gewinnen könnten.

- *Der Geschichte (s)eine Stimme geben*
  Kaum etwas an uns verrät so viel über uns wie unsere Stimme. Sie lässt Unsicherheit und Glück ebenso deutlich werden wie Wut oder Überheblichkeit. Unsere Stimme gibt uns eine Persönlichkeit und verleiht uns ein Gesicht, selbst dann, wenn wir gar nicht zu sehen sind (achten Sie einmal darauf, wenn ein/e Ihnen vom Hören bekannte/r RadiomoderatorIn im Fernsehen auftritt – hätten Sie ihn/sie sich so vorgestellt?!). Wie selbstverständlich sprechen wir jeden Tag mit unzähligen Menschen, ohne eine Vorstellung davon zu entwickeln, wie wir uns eigentlich anhören, respektive durch unsere Stimme wirken. Wenn wir unsere eigene Stimme dann aber einmal hören, über einen Lautsprecher oder vom Band, dann sind wir erstaunt, amüsiert oder sogar erschrocken. Mit sich selbst durch seine Stimme konfrontiert zu werden, indem man sich sozusagen selbst – wie ein Dritter – zuhört, trägt dazu bei, sich seiner Wirkung und damit seines Selbst bewusst zu werden. Der Einsatz der eigenen Stimme wirkt so Persönlichkeit bildend.

- *Die Vertonung der Bilder – die Geschichte stark machen*
  Über den Einsatz der „richtigen Musik" zur Illustration der Geschichten müssen sich die Lehrenden kaum Gedanken machen, denn

kaum eine Kompetenz ist bei der MTV-Generation so ausgeprägt, wie das Gefühl dafür, welche Bilder mit welcher Musik harmonieren. Allerdings bietet sich so auch die Chance, über möglicherweise problematische Gruppen, Texte usw. zu sprechen und das zu thematisieren, was das Problem in diesem Zusammenhang darstellt, oder warum manche Dinge, die offensichtlich zumindest fragwürdig erscheinen, so bedingungslos als „cool" angenommen und vertreten werden. Grundsätzlich ist davon auszugehen, dass sich Instrumentalmusik zur Illustration einer *Digital Story* besser eignet als solche Musikstücke, die selbst von einem starken Text getragen werden. Dann nämlich besteht die Gefahr, dass dieser Text mit der Intention des eigenen Worts kollidiert, diese verwässert oder zwei Stimmen in Konkurrenz treten lässt (und in der Regel wird Ihre Stimme – aus verschiedensten Gründen – der des Profis unterliegen). Eine andere Variante – die bei Jugendlichen sehr gut ankommt – wäre es, zu Liedern, die die jeweilige Thematik behandeln (die Lernenden können selbstverständlich eigene, begründete Vorschläge beisteuern) einen Videoclip zu produzieren – didaktisch bietet diese Variante zahllose Möglichkeiten.

- *Die richtige Komposition des Multimediums*
  Peter Jackson, der Regisseur von *Der Herr der Ringe*, beantwortet die Frage, warum er dieses gezeigt und jenes weggelassen hat, so[69]:

---

[69] Vgl. Fisher & Tolkien 2001

"Dinge, die gezeigt werden, müssen die Geschichte vorantreiben, also der erzählerischen Intention dienen, auch wenn es reizvoll wäre, hier und da zu verweilen und – sozusagen – den Blick schweifen zu lassen". Durch diese Limitierung unterstützt das *Digital Storytelling* den Erwerb weiterer wichtiger Kompetenzen, nämlich die der Selbstbeschränkung in einer grenzenlosen Medialität (in der scheinbar jeder alles darf und eigentlich keiner weiß, was er will) sowie die der gezielten Recherche, Bewertung, Selektion und nicht zuletzt die der zielführenden Komposition.

- *Die individuelle Dramaturgie der Geschichte*
Je nach beabsichtigter Wirkung der jeweiligen Geschichte gilt es, die Struktur festzulegen. Eine *Digital Story*, die langsam geschnitten (also mit wenigen Einstellungen und Übergängen auskommt) und mit fließend-ruhiger Musik unterlegt ist, suggeriert z.B. Kontemplation, Romantik, Entspannung oder einfach nur Freude, während viele verschiedene Einstellungen und eine schnelle Schnittfolge, unterlegt mit treibender Musik, Dramatik, Dringlichkeit, Nervosität und Aufregung vermitteln. Wichtig für eine gute und fesselnde Geschichte ist auf jeden Fall eine gewisse Dynamik. Eine nur schnelle oder nur langsame Erzählfolge wirkt nicht, weil der Mensch sich auf ein bestimmtes Niveau einstellt. So wie unser Leben zwingend in Zyklen verlaufen muss, um funktionieren zu können, muss auch eine gute Geschichte einem solchen Verlauf folgen, Anspannung und Entspannung, Freude und Trauer, einen ruhigen Fluss und einen

reißenden Strom beinhalten. In diesem Zusammenhang bietet es sich z.B. – anhand von Videoclips oder Actionfilmen – an, die über mediale Inhalte vermittelte Beschleunigung unseres Lebens und mögliche Auswirkungen zu behandeln.

Das *Digital Storytelling*, wie ich es verstehe und praktiziere, integriert sowohl eine pädagogische als auch eine therapeutische Komponente. Mit Hilfe dieser Methode des *Digital Storytelling* soll zum einen erreicht werden, dass in der Medialität vermittelte Lebenskonzepte und daraus resultierende Verhaltensweisen hinterfragt, relativiert und ggf. verändert werden können, und zum anderen, dass Lehrinhalte auf eine für medial sozialisierte Menschen entsprechende Art und Weise vermittelt werden. Die Lernenden werden in die Lage versetzt, ihrer erlebten Erinnerung[70] – ihrer biografischen Geschichte im soziokulturellen Kontext und in Bezug zum jeweiligen Thema – Ausdruck zu verleihen, somit Bedürfnisse aber auch Befindlichkeiten bildlich und sprachlich zu artikulieren. Auf diese Weise lernen sich Lernende und Lehrende wieder besser kennen und verstehen, was die gegenseitige Rücksichtnahme und das soziale Miteinander – nicht nur in Schule und Hochschule sondern auch in Unternehmen – und darüber hinaus den Lernprozess fördert. Durch diese Personalisierung und soziokulturelle Politisierung des Lernprozesses wird erreicht, dass die Lernenden aneinander und füreinander wachsen. Dadurch wird Aufmerksamkeit so ge-

---

70 Vgl. Schacter 2001

lenkt, dass die aus individuellem Bewusstsein resultierenden Handelungen sowohl dem Einzelnen als auch der Gemeinschaft zugute kommen.

3.2 Das Projekt Memorys Voices

Vor welchem Hintergrund oder zu welchem Thema Geschichten entstehen, hängt nicht zuletzt von der Intention, der didaktischen Beweglichkeit und der Fantasie des/der Lehrenden ab. Er/Sie hat die Aufgabe, das Werkzeug (Hintergrundinformationen zur Kontextualisierung, Sprache zur Analyse der Geschichten usw.) bereit zu stellen, das den Lernenden eine zielführende – also der didaktischen Intention entsprechende – Auseinandersetzung mit dem jeweiligen Thema ermöglicht. Wir haben auf unserer DVD *Memory's Voices* (vgl. http://www.denkprozesse.net/memorys_voices/index.html) zwei *Digital-Storytelling*-Projekte gegenübergestellt, die vollkommen unterschiedlichen Intentionen folgen und dabei eine Vielzahl verschiedener Geschichten zu den verschiedensten Themen erzählen.

Das erste Projekt, *9-11: Wounded Minds,* ist z.B. kurz nach dem 11. September entstanden, als nach dem Anschlag auf das World Trade Center jeder noch so gut gemeinte Versuch der Wissensvermittlung banal erschien und zum Scheitern verurteilt war. Im Fach „Kommunikation" des Studiengangs InterMedia (Kommunikationsdesign) erhielten die Studierenden daraufhin die Möglichkeit, ihre unfassbaren, diffusen inneren Dialoge durch den Prozess der medialen Illustration so zu konkretisieren, dass sie „fassbar" wurden. Die kleinen Videoclips, die am Ende dieses Prozesses vorlagen und die das transportierten, was die Lernenden im tiefsten Inneren bewegte, wurden zum Gegenstand von Vorträgen, Gesprächen und Diskussionen. So wurde – unterstützt durch eine Arbeit in Gruppen und ein umfassendes Coaching – auf der einen Seite die Verarbeitung eines (medial) erlebten Traumas möglich, ohne dabei auf der anderen Seite die curricularen Anforderungen des Fachs und des Studiengangs zu vernachlässigen.

Das zweite Projekt, *Drugs: Mirrored Behaviour*, bildete dagegen die Grundlage einer ernsthaften Auseinandersetzung mit dem in der öffentlichen Diskussion ziemlich abgedroschenen Thema Drogen und Sucht. Um das zu erreichen, wurden die Studierenden von der Supromobil Vorarlberg[71] – im Rahmen eines Semesterprojekts, ebenfalls im Fach „Kommunikation" des Studiengangs InterMedia – beauftragt, mediale Kommunikate in Form von *Digital Stories* als Basis für eine Medienkampagne im Präventionsbereich zu erstellen, die

o jugendliche KonsumentInnen zur Reflexion ihres Verhaltens anregt
o eine Änderung dieses Verhaltens herbeiführt
o den Beziehungsaufbau zur Drogenhilfe unterstützt und bestehende Kontakte festigt.

---

[71] Supromobil: mobile Suchtprävention des Landes Vorarlberg

Die didaktische Parallelintention dieses semesterübergreifenden Lehransatzes reichte dabei allerdings bedeutend weiter. Ausschlaggebend für die pädagogisch-therapeutische Konzeption von *Drugs: Mirrored Behaviour* war zweierlei. Es sollte ein Lernumfeld geschaffen werden, das die Studierenden – erstens – in die Lage versetzt, aneinander zu wachsen, und – zweitens – ihre Befindlichkeit (wie geht es mir und warum geht es mir so?), ihr Handeln (fordere ich oder überfordere ich mich?) sowie ihr eigenes Konsumverhalten zu reflektieren.

Während das erste Projekt also auf das Stiften von Kohärenz abzielt, will das zweite Projekt präventiv wirken. Eine Ausführliche Darstellung beider Projekte finden sie in „Digital Storytelling: Pädagogik und Therapie für medial sozialisierte Menschen. Erziehung – Bildung – Heilung." (Dorn, 2015).

3.3 Biographie ins Verhältnis setzen, Kohärenzgefühl schaffen, gesund werden und bleiben

Eine Einbettung der Methode des *Digital Storytelling* in einen soziopolitischen Kontext hat meiner Forschung nach bislang – im Rahmen der schulischen und universitären Wissensvermittlung – nicht stattgefunden. Auch ein umfassendes pädagogisches und therapeutisches Konzept wurde meines Wissens noch nicht entwickelt, wenngleich die in der Regel biografischen Geschichten durchaus Eingang sowohl in den Unterricht als auch in die therapeutische Praxis gefunden haben.

Meine Methode des *Digital Storytelling* versucht genau dies zu leisten, indem sie sowohl den Bedürfnissen medial sozialisierter Lernender (in diesem Fall Studierender) als auch ihrer direkten Sozialisationsumfelder und dabei gleichzeitig dem Lernprozess Rechnung trägt72. Mit Hilfe dieser Methode besteht die Möglichkeit, Aufschluss über Bewusstseins- und Handlungsstrukturen der Lernenden zu erlangen, indem im Hinblick auf eine Reinszenisierung der Erinnerung die *Modellierungsoptionen* nach Boothe et al. mit dem Ziel einer authentischen Identitäsbildung und Förderung des Prozesses der Wissensvermittlung angewendet werden. Damit erfüllen Erzählungen – indem sie psychisches Geschehen und soziale Beziehungen formen – psychosoziale Funktionen73.Vor diesem Hintergrund setzt sich meine Methode des *Digital Storytelling* aus den folgenden vier, auf Boothes et al.74 *Modellierungsoptionen* basierenden Komponenten zusammen:

Mittels dieser vier Dimensionen wird die folgende pädagogische Zielerreichung angestrebt. In Phase

---

72 Ein EU-Projekt (unter Mitwirkung von Deutschland, Österreich, Liechtenstein und der Schweiz), das meine Forschungsarbeit in die Praxis überführen soll, wird derzeit von der mobilen Sekundärprävention des Landes Vorarlberg vorbereitet.

73 Vgl. Flader & Giesecke 1980, Gergen & Gergen 1988, Quasthoff 1980

74 Vgl. Boothe et al. 2000, S. 64

1. die Aufmerksamkeit so zu lenken, dass aus Erinnerung und dem, woraus sie entstanden ist, Bewusstsein wird, das die Handlungsstrukturen in einem sowohl für das Individuum als auch die Gemeinschaft positiven Sinne beeinflusst.

2. dieses jeweils individuelle Bewusstsein in die Intra- und Intergruppenprozesse zu integrieren, um einen Identität fördernden Austausch mit dem direkten Sozialisationsumfeld (Peergroup, Familie) zu erreichen und damit soziale Integration zu fördern.

3. durch einen von den LehrerInnen als BeraterInnen kommentierten Austausch über den Stand der Arbeiten und der diesem zugrunde liegenden (auch individuellen) Intentionen Unsicherheiten zu beseitigen, um so einen aktiven, begründbaren Umgang mit der Thematik zu ermöglichen.

4. durch die Festlegung auf eine eigene Sicht der Dinge und das Vertreten dieser Sicht, sowohl gegenüber der Peergroup als auch gegenüber erweiterter Sozialisationsinstanzen (LehrerInnen usw.), eine Reduktion der Suggestibilität sowie eine Relativierung der individuellen Haltung und des Wertesystems – auch im Hinblick auf die prä-digitale Generation[75] – zu erreichen, um so Diskursräume wiederzueröffnen[76].

---

75 *post-digital sozialisiert*: Jugendliche, die mit Beginn der massenhaften Verbreitung von Computer, Internet und Privatfernsehen im Jahr 1990 nicht älter als 2 Jahre waren; *prä-*

Zusammenfassung

Unsere Welt ist im Wandel. Eine Tatsache, die zwar offensichtlich aber dennoch – aufgrund der Geschwindigkeit und Komplexität – kaum greifbar ist. Dies gilt vor allem deshalb, weil sich die Medialität jedem Menschen in einer individuellen

---

digital sozialisiert: Erwachsense, die mit Beginn der massenhaften Verbreitung von Computer, Internet und Privatfernsehen im Jahr 1990 älter als 20 Jahre waren; *digital sozialisiert*: Erwachsene, die mit Beginn der massenhaften Verbreitung von Computer, Internet und Privatfernsehen im Jahr 1990 nicht älter als 10 Jahre waren. Für die Herleitung dieser Definitionen siehe Dorn 2015.

76 Vor welchem Hintergrund oder zu welchem Thema Geschichten entstehen, hängt nicht zuletzt von der Intention, der didaktischen Beweglichkeit und der Fantasie des/der Lehrenden ab. Er/Sie hat die Aufgabe, das Werkzeug (Hintergrundinformationen zur Kontextualisierung, Sprache zur Analyse der Geschichten usw.) bereit zu stellen, das den Lernenden und Heilenden eine zielführende – also der didaktischen Intention entsprechende – Auseinandersetzung mit dem jeweiligen Thema ermöglicht. Wir haben auf unserer aktuellen DVD Memory's Voices (KURSIV) (vgl. http://www.denkprozesse.net/memorys_voices/index.html) zwei Digital-Storytelling-Projekte gegenübergestellt, die vollkommen unterschiedlichen Intentionen folgen und dabei eine Vielzahl verschiedener Geschichten zu den verschiedensten Themen erzählen. Ein Projekt ist z.B. kurz nach dem Anschlag auf das World Trade Center entstanden, als jeder noch so gut gemeinte Versuch der Wissensvermittlung banal erschien und zum Scheitern verurteilt war. Ein zweites Projekt bildete die Grundlage einer ernsthaften Auseinandersetzung mit dem in der öffentlichen Diskussion ziemlich abgedroschenen Thema Drogen und Sucht.

Ausprägung darstellt und ihre Transfomationspotenziale auf jeden Menschen aufgrund individueller Vulnerabilität, Plastizität, Quantität und Qualität zur Verfügung stehender Abwehrmechanismen und Bewältigungsfähigkeiten unterschiedliche Wirkungen entfalten.

Was wir sicher wissen ist, dass sich die Medialität sowohl auf Kinder und Jugendliche als auch auf Erwachsene auswirkt und das diese Wirkungen sowohl psychische als auch somatische Konsequenzen zeitigen[77]. Kinder zeigen deutliche Auffälligkeiten in den Bereichen Bewegung und Koordination (Motorik), Aufmerksamkeit (ADHS), Körpergewicht und Selbstwahrnehmung (Essstörungen), Selbstwert und Verhaltenssteuerung (Aggression). Sie imponieren darüber hinaus, ebenso wie die Erwachsenen, mit deutlichen Zeichen multipler Überlastung[78].

---

[77] Vgl. Dorn 2015. Kapitel 3, Die körperliche und seelische Transkription durch die Medialität.

[78] Vgl. Rabenschlag & Heger schon 2000 (Rabenschlag und Heger belegen im Rahmen ihrer Studie, dass bereits jedes hundertste Kind von weniger als sechs Jahren, jedes fünfzigste Schulkind und jeder sechste Jugendliche an einer schweren Depression leidet – mit steigender Tendenz. Die Leiden depressiver Kinder umfassen demnach vor allem psychosomatische Beschwerden, wie beispielsweise Bauchschmerzen. Beschrieben werden darüber hinaus Rückzug von Freunden und eine erschwerte Abnabelung von Zuhause. Außerdem seien die wenigsten depressiven Kinder nur depressiv. Viele verhielten sich darüber hinaus aggressiv und zerstörerisch, andere leiden unter Essstörungen, während manche konzentrationsgestört und unruhig sind oder Schlafstörungen haben.)

Angesichts dieser Entwicklungen fällt es leicht Antonovskys Intension zu folgen. Offensichtlich korrumpiert die Medialität einen maßgeblichen Faktor, der in der Lage wäre zu verhindern, dass sich *Spannungen* in *Belastung* verwandeln – das Kohärenzgefühl. Wir sind immer weniger in der Lage, die Anforderungen, die eine veränderte Arbeitswelt und zerfallende Familienstrukturen an uns stellen, zu bewältigen. Wie es scheint haben wir einen Punkt erreicht, ab dem ein zu großes Maß an anhaltendem oder wiederholtem Stress zusammen mit körperlichen Schwächen eine Gesundheitsgefährdung bedeutet. Vor diesem Hintergrund wird deutlich: Niemand ist vor einer Traumatisierung sicher, da es vermutlich für jeden Menschen Ereignisse und Situationen gibt, die entweder aufgrund ihrer Schwere, Konstellation oder ihrer Unvereinbarkeit mit dem menschlichem Selbstverständnis traumatisierend wirken.

Mit Hilfe meiner Methode des Digital Storytelling, die insbesondere darauf abzielt, über Reflexion und soziale Integration, die Reduktion von Unsicherheit und eine Stärkung der individuellen Identität zu erreichen, gelingt mir sowohl in meiner pädagogischen als auch (psycho-)sozialen Arbeit – vor allem bei Jugendlichen und jungen Erwachsenen – gute Erfolge. Was wir dringend brauchen sind Rettungsschwimmer, die die retten, die bereits in den Fluss gefallen sind. Darüber hinaus solche, die sich Gedanken darüber machen, wie und warum immer mehr Menschen in den Fluss fallen und ganz viele, die den Menschen das Schwimmen beibringen.

Ziel muss es sein, angesichts immer mächtigerer medialer Manipulationspotenziale und deren Wirkungen, die eigene Identität wiederzuerlangen, zu bewahren und zu stärken, also Persönlichkeiten zu bilden, die wieder in der Lage sind, an sich selbst, zusammen mit und an anderen zu wachsen. Das *Digital Storytelling* bietet beispielhaft durch seine Verbindung von Emotion, Reflexion, produktivem Handeln und Kommunikation die Möglichkeit, eben diesen Ansprüchen gerecht zu werden. Mittels dieses Ansatzes besteht nun die Option, Handlungen zu beeinflussen, indem man Einblicke in das Bewusstsein der Menschen bekommt, und zudem in das, aus dem Aufmerksamkeit Bewusstsein macht – Erinnerung!

Literatur

Antonovsky, A. (1997). Salutogenese. Tübingen: dgvt
Aronson, E. (1983). Ausgebrannt. Stuttgart: Klett-Cotta
Baacke, D. (1997) Hrsg. Medienpädagogik. Tübingen: Niemeyer.
Baader, R. (1999). Die belogene Generation. Resch: Gräfelfing
Bell, D. (1975). Die nachindustrielle Gesellschaft. Übersetzer Siglinde Summerer und Gerda Kurz. Campus: Frankfurt am Main.
Bergmann, W. (2003). „Das Drama des modernen Kindes". Interview. In: Die Zeit 33 (2002), <http://www.zeit.de/2002/33/Politik/200233_interview.html>, Stand: 18. Januar 2003
Bidlo, O. D. (2003). Sehnsucht nach Mittelerde? Norderstedt: Books on Demand
Boothe, B., von Wyl, A. & Wepfer, R. (2000). Erzähldynamik und Psychodynamik. In: M. Neumann (Hrsg.). Erzählte Identitäten. München: Fink, S. 59-76
Brauchle, G., Wirnitzer, J., Mariacher, A., Ballweber, P. & Beck, Th. (2000). Das „verdrängte" Thema: Sekundäre Traumatisierungen von Notfallpsychologen. In. Psychologie in Österreich, 20 (5) S. 287-292
Böcker, M. (2004). „Frust im Job. Schielen nach dem Notausgang". In: Spiegel Online, 01. Juni 2004, <http://www.spiegel.de/unispiegel/jobundberuf/0,1518,302250,00.html>, Stand: 24. August 2004
Dorn, Ch. (2004). Digital Storytelling - Erziehung zur medialen Mündigkeit durch Bildung zur

medialen Reflexion, Ch. Dorn in: Mayer / Treichel (Hrsg.), Handlungsorientiertes Lernen und eLearning, Wissenschaftsverlag Oldenbourg

Dorn, Ch. (2015). Mediale Sozialisation und eEducation. Neue Menschen – neue Medien – neue Didaktik. Eine Konzeptentwicklung auf Basis der Analyse menschlicher Bewusstseins- und Handlungsstrukturen vor dem Hintergrund einer immer authentischer werdenden Medialität. Norderstedt: Book on Demand

Etzold, S. (2003) im Gespräch mit Dieter Frey. „Schlechte Führung". In: Die Zeit 36/2003, <http://www.zeit.de/2003/36/M-Stress-Interview_Frey>, Stand: 29. Aug. 2003

Feierabend, S. & Klingler, W. (2000). JIM 99/2000 Jugend, Information, (Multi-) Media: Basisuntersuchung zum Medienumgang 12- bis 19-jähriger in Deutschland. Baden-Baden: Medienpädagogischer Forschungsverband Südwest

Fischer, G. & Riedesser, P. (1999). Lehrbuch der Psychotraumatologie. München: Ernst Reinhardt Verlag.

Fisher, J. & Tolkien John. R. R. (2001). Der Herr der Ringe. Die Gefährten – das offizielle Begleitbuch, Stuttgart: Klett-Cotta

Fischlin, D. & Taylor, A. (1994). Cybertheater, Postmodernism, and Virtual Reality. An Interview with Toni Dove and Michael Mackenzie. In: Science Fiction Studies 62, Bd. 21, Teil 1, <http://www.depauw.edu/sfs/covers/cov62.htm>, Stand: 30. August 2003

Flader, D. & Giesecke, W. (1980). Erzählen im

psychoanalytischen Erstinterview – eine Fallstudie. In: K. Ehlich (Hrsg.): Erzählen im Alltag. Frankfurt a. M.: Suhrkamp, S. 209-262

Fröhlich, W. D. (2000, 23. Aufl.). Wörterbuch zur Psychologie. München: dtv, „Bewusstsein", S. 97, „Handeln", S. 216

Gaschke, S. (2001). „Die Elternkatastrophe". In: Die Zeit 18 (2001), <http://ww.zeit.de/2001/18/Hochschule/print_200118_1._leiter.html>, Stand: 29. Aug. 2003

Gergen, K. J. & Gergen, M. M. (1988). Narrative and the Self as Relationship. In: L. Berkowitz (Hrsg.): Advances in Experimental Social Psychology, Bd. 21. New York: Academic Press, S. 17-56

Grefe, Ch. (2003). „Leidende Angestellte". In: Die Zeit 36/2003, <http://www.zeit.de/2003/36/M-Stress>, Stand: 29. Aug. 2003

Greiner, U. (2002) „Wenn der Druck steigt". In: Die Zeit 19 (2002), <http://www.zeit.de/2002/19/Kultur/print_200219_erfurt.html>, Stand: 20. August 2003

Groß, C.[1], Joraschky, P.[1], Petrowski, K.[2], Mück-Weymann, M.[1], Pöhlmann, K.[1] (2003). [1]Klinik für Psychotherapie und Psychosomatik, UK Dresden; [2]Abt. für Psychosomatische Medizin und Psychotherapie der Universität Erlangen Burnout und sekundäre Traumatisierung im Rettungsdienst: Ergebnisse einer Screeningstudie

Guttmann, G. & Bauer, H. (1984). The Brain-Trigger Design. A powerful tool to investigate Brain-Behaviour Relations. Annals of the New

York Academy of Sciences. 671-675.
Guttmann, G. (1985). Lernen unter Selbstkontrolle bei Jugendlichen. In G. Nissen (Hrsg), Psychiatrie des Pubertätsalters (S. 77-89). Bern: Huber.
Guttmann, G. (1990). Lernen. Die wunderbare Fähigkeit, geistige und körperliche Funktionen verändern zu können. Wien: htp-Verlagsgesellschaft.
Haffner, J., Esther, C., Münch, H., Parzer, P., Raue, B., Steen, R., Klett, M. & Resch, F. (2002). Verhaltensauffälligkeiten im Einschulungsalter aus elterlicher Perspektive – Ergebnisse zu Prävalenz und Risikofaktoren in einer epidemiologischen Studie. In: Praxis der Kinderpsychologie und Kinderpsychiatrie, 9/02, S. 675-696
Haffner, J., Parzer, P., Raue, B., Steen, R., Münch, H., Giovannini, S., Esther, C., Klett, M. & Resch, F. (2001). Lebenssituation und Verhalten von Kindern im zeitlichen Wandel. Gesundheitsbericht Rhein-Neckar-Kreis / Heidelberg, Bd. 2
Kramer, R. & Leffers, J. (2003): „Jeder fünfte Student ist psychisch labil". In: Spiegel Online, 28. Aug. 2003, <http://www.spiegel.de/unispiegel/studium/0,1518,254757,00.html>, Stand: 29. Aug. 2003
McCann, I.L.; & Pearlman, L.A. (1990): Vicarious traumatization: A framework for understanding the psychological effects of working with victims. Journal of Traumatic Stress, 3 131 - 149.
Möller, H.-J., Laux, G. Laux, Kampfhammer, H.-P. (2000). Psychiatrie und Psychotherapie. Springer-Verlag, Berlin, Heidelberg, New

York
Myrtek, M. & Scharff, Ch.(2000). Fernsehen, Schule und Verhalten: Untersuchungen zur emotionalen Beanspruchungen von Schüler. Bern, Huber
Nolting, H.-D. (2002). DAK Gesundheitsreport
Pearlman, L.A., & Saakvitne, K.W. (1995). Trauma and the therapist: Countertransference and vicarious traumatization in psychotherapy with incest survivors. New York: W.W. Norton.
Repke, I., Interview mit Pieper, G. (2002). „Die Angst schleicht sich in alle Köpfe". In: Spiegel 18, S. 90 - 94
Saakvitne, K.W.; Pearlman, L. A. (1995): Treating therapists with vicarious traumatization and secondary traumatic stress disorders. In C. Figley (Ed.), Compassion fatigue: Coping with secondary traumatic stress disorder in those who treat the traumatized, pp. 150-177. New York: Brunner/Mazel.
Schuber, I., Selke, G. W., Oswald-Huang, P.-H., Schröder, H., Nink, K. (2002). Methylphenidat – Verordnungsanalyse auf der Basis von GKV-Daten. Bericht für die Arbeitsgruppe Methylphenidat im Bundesministerium für Gesundheit. Wissenschaftliches Institut der AOK.
Quasthoff, V. M. (1980). Erzählen in Gesprächen. Tübingen: Niemeyer
Rabenschlag, U. & Heger, R. (2000). Wenn Kinder nicht mehr froh sein dürfen: Depressionen bei Kindern erkennen und helfen. Freiburg: Herder
Schacter, D. (2001): Wir sind Erinnerung. Gedächtnis und Persönlichkeit, Reinbek:

Rororo

Schorb, B. (1995). Medienalltag und Handeln: Medienpädagogik in Geschichte, Forschung und Praxis. Opladen: Leske

Shell Jugendstudie im Internet. Jugend 2002. 18. Januar 2003
<http://www.shell-jugendstudie.de/>, STAND?

Thadden, E. von (2003). „Ich schlug mich gegenseitig tot". In: Die Zeit 36/2003, <http://www.zeit.de/2003/36/M-Stress_Familie>, Stand: 29. Aug. 2003

„Understanding Digital Storytelling". Center for Digital Storytelling, <http://www.storycenter.org/understanding.html>, Stand: 20. August 2003

Weizenbaum, J. (1978). Die Macht der Computer und die Ohnmacht der Vernunft. Frankfurt/Main: Suhrkamp [Originalausgabe 1976 bei W.H. Freeman & Co. unter dem Titel Computer Power and Human Reason: From Judgement to Calculation]

Weizenbaum, J. (1984): Kurs auf den Eisberg. Die Verantwortung des einzelnen und die Diktatur der Technik. Zürich: pendo

Weizenbaum, J. (1993, 3.Aufl.). Wer erfindet die Computermythen? Herder et al.: Spektrum

Links zum Thema

Center for Digital Storytelling, Berkeley:
   http://www.storycenter.org
Cookbook:
   http://www.storycenter.org/memvoice/pages/cookbook.html
Dialog mit dem Feind:
   http://www.ippnw.de/frieden/israel/danbaron.htm
Florida Storytelling Association:
   http://www.flstory.org/story%20history.htm
Geschichten erzählen mit dem Computer:
   http://www.br-online.de/jugend/izi/text/simsaria.htm
Life-Review-Therapie als spezifische Form der Behandlung posttraumatischer Belastungsstörungen im Alter:
   http://www.klipsy.unizh.ch/maercker/ptbs-therapie-aeltere-Menschen.pdf
Memory's Voices: Ein pädagogisch-therapeutisches *Digital-Storytelling*-Projekt für medial sozialisierte Menschen
   http://www.denkprozesse.net/memorys_voices/index.html
Preparing for Digital Story Telling:
   http://www.aace.org/conf/site/pt3/paper_3008_744.pdf
Story Telling in Unternehmen: Vom Reden zum Handeln – nur wie? (Teil 1):
   http://www.wissensmanagement.net/online/archiv/2003/02_2003/story-telling.shtml
Story Telling in Unternehmen: Vom Reden zum Handeln – nur wie? (Teil 2):
   http://www.wissensmanagement.net/online/archiv/2003/03_2003/story-telling-2.shtml

Telling a Digital Story: A WebQuest for Pre-Service Teachers:
> http://faculty.salisbury.edu/~jrbing/Telling%20a%20Digital%20Story/Telling%20a%20Digital%20Story.htm

The Call of Story:
> http://www.callofstory.org/index.html

The Power of the Digital Story:
> http://www.zehno.com/papers/power_%20digital_storytelling.pdf

The Society for Storytelling:
> http://www.sfs.org.uk/

The Storytelling FAQ:
> http://www.timsheppard.co.uk/story/faq.html#Introduction

Videoschnittsoftware zum Download:
> *iMovie von Appel:*
> http://www.apple.com/imovie/
> *MovieMaker von Microsoft:*
> http://www.microsoft.com/downloads/results.aspx?productID=&freetext=moviemaker&DisplayLang=de)

Autor

Prof. Dr. Christian Ralf Dorn, geb. 1968, ist seit 15 Jahren als Professor für Psychologie und Sozialwissenschaften an der Fachhochschule Vorarlberg tätig. Er lehrt u.a. in den Studiengängen Soziale Arbeit und Mediengestaltung. Der ehemalige Polizist forscht heute als Diplomierter Sozialpädagoge und promovierter Psychologe an den Folgen einer zunehmend medialen Sozialisation. Sein Interesse gilt dabei primär den Auslösern sozialer Störungsbilder – insbesondere der Abhängigkeits- und Belastungsstörungen - und der Entwicklung von neuen (technologieunterstützten) Suchtpräventions- und Therapiemodellen. Ein besonderes Anliegen ist ihm sein Engagement für „Cannabis in der Medizin" und die Arbeit in der Legalisierungsbewegung.

Er war bisher u.a. tätig als…

- Streetworker
- Sozialpädagogischer Einzelbetreuer
- Leiter Sozialmanagement
- Leiter Kommunikation
- Kuratoriumsmitglied der Bundesstelle für Positivprädiktisierung für Computer- und Konsolenspiele des österreichischen Bundesministe-

riums für soziale Sicherheit, Generationen und Konsumentenschutz
- wissenschaftlicher Beirat der supromobil des Landes Vorarlberg (Krankenhaus, Therapiestation, <u>mobile Sekundärprävention</u>, Beratungsstellen)
- selbständiger Sozialpädagoge / Psychologe in eigener Praxis
- Notfallpsychologe und Einsatzleiter bei der BRK Wasserwacht

DENKPROZESSE
Praxis für klinische Sozialarbeit

Prof. (FH) Dr. **Christian R. Dorn** (Psychol. / Soz.-Päd.)
Professor für Psychologie und Sozialwissenschaften
Fachhochschule Vorarlberg

Arbeitsschwerpunkte...
Belastungs- / Abhängigkeitsstörungen
Stress- / Suchtprophylaxe / harm reduction
Life- und Bewerbungscoaching / Administrative Hilfen

Kemptener Straße 168, D-88131 Lindau/B
mobil +49.1520.34 70 596
cd@denkprozesse.net / www.denkprozesse.net

Leseempfehlung

Christian Dorn (2015)

**Digital Storytelling:
Pädagogik und Therapie für medial sozialisierte Menschen.**
Erziehung – Bildung - Heilung

Verlag:
BoD – Books on Demand, Norderstedt
ISBN: 978-3-73-479623-4

Aus dem Inhalt...

Medial sozialisierte Menschen denken, fühlen und verhalten sich anders, als ihre noch prädigital sozialisierten Eltern. Sie stellen andere Ansprüche und benötigen eine andere Art der Zuwendung sowohl in der Pädagogik als auch im Rahmen therapeutischer Interventionen.

Das *Digital Storytelling*, wie ich es verstehe und praktiziere, stellt eine Art der Zuwendung dar, die medial sozialisierten Menschen (insbesondere Kindern und Jugendlichen) gerecht wird. Mein Vorschlag integriert sowohl eine pädagogische als auch eine therapeutische Komponente. Mit Hilfe dieser Methode - bei der aus alltäglichen / oder eben nicht alltäglichen Erleben, kleine Videogeschichten werden soll zum einen erreicht werden, dass in der "Medialität" vermittelte Lebenskonzepte und daraus resultierende - oft schädliche oder belastende - Verhaltensweisen hinterfragt, relativiert und ggf. verändert werden können, und zum anderen, dass Wissen auf eine für medial sozialisierte Menschen entsprechende

Art und Weise vermittelt werden (Psychoedukation). Die PatientInnen werden so in die Lage versetzt, ihrer erlebten Erinnerung – ihrer biografischen Geschichte im soziokulturellen Kontext und in Bezug zum jeweiligen Thema – Ausdruck zu verleihen, somit Bedürfnisse aber auch Befindlichkeiten bildlich und sprachlich zu artikulieren und damit eine Veränderung ihrer oftmals problematischen Situation herbeiführen.

Leseempfehlung

Christian Dorn (2015)

Mediale Sozialisation und eEducation. Neue Medien - Neue Menschen - Neue Didaktik:
Eine Konzeptentwicklung auf Basis der Analyse menschlicher Bewusstseins- und Handlungsstrukturen vor dem Hintergrund einer immer komplexer und authentischer werdenden Medialität

Verlag:
BoD – Books on Demand, Norderstedt
ISBN: 978-3-7347-8048-6

Aus dem Inhalt...

Durch hochauthentische, digital optimierte multimediale Kommunikate und eine adäquate Distribution erfolgt eine Überlagerung realer Lebenserfahrung durch mediale Scheinerfahrungen, die das Selbstverständnis und die Erwartungshaltungen Jugendlicher stärker als die Sozialisationsinstanzen Elternhaus und Schule prägen. Kinder und Jugendlichen wachsen heute in einem hochverdichteten Medienumfeld auf, in dem Medien Sozialisationsinstanz, Tagesbegleiter, Identifikationsstifter und Realitätsvermittler sind. Die Kompetenzen und Persönlichkeiten der PädagogInnen – wie auch die ihnen zur Verfügung stehenden Unterrichts(hilfs-)mittel – können damit kaum noch konkurrieren.

Diese Arbeit befasst sich mit dem Themenkomplex der psychophysiologischen Medienwirkung, der technologieunterstützten Bildung und der Schulentwicklung vor dem Hintergrund einer durch eine allgegenwärtige Medialisierung konstituierten Medialiät, die immer authentischer wird. Mit dieser Arbeit wird der Nachweis angestrebt, dass Medialisierung und mediale Durchdringung eine individuelle Medialität bedingen, die die Bewusstseins- und Handlungsstrukturen des Menschen, insbesondere die von Kindern und Jugendlichen transformiert. Im Rahmen dieser Arbeit werden diese Transformationspotentiale im Hinblick auf eine Neuausrichtung der Wissensvermittlung und Schulentwicklung isoliert, analysiert und zur Entwicklung eines Konzepts zur technologieunterstützten Wissensvermittlung instrumentalisiert. Aufbauend darauf wird beschrieben, wie mit Hilfe NM die schulformübergreifende Integration von Eltern, LehrerInnen, SchülerInnen und darüber hinaus von Unternehmen und Institutionen (Vorschule, Hochschule, Ministerien etc.) realisiert werden kann, welche Möglichkeiten sie eröffnet und welchen Fehlentwicklungen sie entgegenwirkt. Unter Einbeziehung NM eröffnet dieser Zugang die Möglichkeit, Raum für die aktive und kritische Auseinandersetzung mit der dMedialität zu schaffen und damit einen Weg zurück in einen wertepluralistischen und menschzentrierten Diskursraum zu bahnen, in dem für ein soziales Miteinander in einer intakten Ökologie Interesse geweckt, Wissen vermittelt und Erkenntnis unterstützt wird.

Notizen

Notizen

Notizen

Notizen